Geschichte

Sachsen-Anhalt

Entdecken und Verstehen

8

Herausgegeben von
Dr. Thomas Berger-v. d. Heide
Prof. Dr. Hans-Gert Oomen

Vom Ende des Napoleonischen Zeitalters bis zum Deutschen Kaiserreich

Herausgegeben von
Prof. Dr. Hans-Gert Oomen

Bearbeitet von
Dr. Thomas Berger-v. d. Heide
Hans-Joachim Caspart
Ilse Lerch-Hennig
Bettina Mende
Prof. Dr. Hans-Gert Oomen
Dr. Dieter Potente
Martina Quill

Beratende Mitarbeit
Bettina Mende, Salzwedel
Prof. Dr. Mathias Tullner, Magdeburg

Cornelsen

Redaktion: Gisela Veerkamp
Bildassistenz: Christina Sandig, Helena Wittkowski
Karten und Illustrationen: Klaus Becker, Oberursel; Thomas Binder, Magdeburg;
Volkhard Binder, Berlin; Elisabeth Galas, Bad Breisig; Peter Kast, Schwerin;
Bernhardt Lutz, Regensburg; Michael Teßmer; Hamburg
Umschlaggestaltung: Klein & Halm Grafikdesign, Berlin
Layoutkonzept: Simone Siegel, Mike Mielitz
Technische Umsetzung: zweiband.media, Berlin

Das Umschlagbild zeigt den ehemaligen Wörlitzer Bahnhof in Dessau.

www.cornelsen.de

Die Webseiten Dritter, deren Internetadressen in diesem Lehrwerk angegeben sind,
wurden vor Drucklegung sorgfältig geprüft. Der Verlag übernimmt keine Gewähr für
die Aktualität und den Inhalt dieser Seiten oder solcher, die mit ihnen verlinkt sind.

1. Auflage, 6. Druck 2020

Alle Drucke dieser Auflage sind inhaltlich unverändert
und können im Unterricht nebeneinander verwendet werden.

Druck und Bindung: Livonia Print, Riga

ISBN 978-3-06-064751-4

PEFC zertifiziert
Dieses Produkt stammt aus nachhaltig
bewirtschafteten Wäldern und kontrollierten
Quellen.

PEFC™
PEFC/12-31-006

www.pefc.de

Liebe Schülerinnen und Schüler!

In den in den ersten drei Bänden eures Schulbuches habt ihr etwas über die Geschichte der Menschheit bis zur Französischen Revolution erfahren.

Dieser Band zeigt euch nun, wie die Menschen im 19. Jahrhundert gelebt haben, wie sie gegen die Herrschenden revoltierten und sich nach und nach mehr Rechte und Freiheiten erkämpfen konnten.

Ihr erfahrt auch, wie sich das Leben der Menschen aufgrund des technischen Fortschritts rasant verändert hat, und schließlich, aus welchen Gründen Menschen in der Geschichte ihre Heimat verlassen haben.

Lernen macht natürlich mehr Spaß, wenn man etwas selber herausfinden kann. Ihr findet daher in diesem Buch neben den Texten auch zahlreiche Bilder und Berichte von damals lebenden Menschen. Wir bezeichnen sie als Quellen. Ihr erkennt sie an einem „Q" und einem Farbstreifen. Texte von Geschichtsforschern haben ein „M" und ebenfalls einen Farbstreifen. Außerdem gibt es noch viele spannende Seiten, z. B.:

Schauplatz Geschichte: Der Reichstag in Berlin

Methode: Zeitzeugen befragen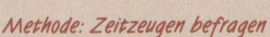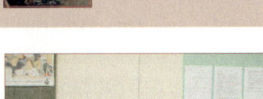

Die folgenden Schritte können euch helfen, eine Zeitzeugenbefragung durchzuführen.

1. Schritt
Befragung vorbereiten
– Thema, Ziel der Befragung klären.
– Informationen zur Vorbereitung sammeln (z. B. über die Zuwanderergruppe, über den geschichtlichen Zusammenhang).

Geschichte vor Ort:
Industriedenkmäler in Sachsen-Anhalt

Das Kraftwerk Vockerode ⑳

Check: Das solltet ihr wissen

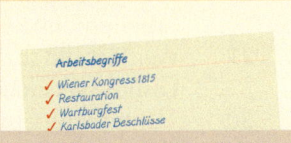 

Arbeitsbegriffe
✓ Wiener Kongress 1815
✓ Restauration
✓ Wartburgfest
✓ Karlsbader Beschlüsse

Und jetzt – viel Spaß beim Lesen und Lernen mit eurem neuen Geschichtsbuch.

Inhaltsverzeichnis

Inhaltsverzeichnis

1. Kampf der Bürger um Einheit und Freiheit

1814/15   1832   1848/49

WIENER KONGRESS   HAMBACHER FEST   REVOLUTIONEN IN EUROPA

Napoleon besiegt, seine Truppen vertrieben – wie sollte es jetzt weitergehen? – Die deutschen Fürsten wollten regieren wie bisher, die Bürger aber sehnten sich nach Freiheit und einem einheitlichen Deutschen Reich mit demokratischen Staatsformen. Im Frühjahr 1848 gingen sie deshalb an vielen Orten auf die Barrikaden und kämpften gegen Obrigkeit und Militär. Die Revolutionäre kamen vor allem aus dem Bürgertum, der Schicht der niederen Handwerker und gehobenen Arbeiter.

Doch es waren der preußische König Wilhelm I. und sein Kanzler Bismarck, die am 18. Januar 1871 im Spiegelsaal des französischen Schlosses Versailles die Schaffung eines deutschen Nationalstaates ausriefen.

Die Gründung des deutschen Kaiserreiches 1871 stand am Ende einer Entwicklung, die mit der bürgerlichen Revolution 1848/49 begonnen hatte und doch auch im Gegensatz zu ihr stand.

Wie es von der Revolution des Volkes zur Gründung des neuen Kaiserreiches kommen konnte, zeigt das folgende Kapitel …

1866

1871

1871–1890

PREUSSISCH-ÖSTER-REICHISCHER KRIEG

GRÜNDUNG DES DEUTSCHEN REICHES

REICHSKANZLER OTTO VON BISMARCK

Eine neue Ordnung für Europa?

1 Europa 1815.

Restauration*:
Bezeichnung für die Wiederherstellung der alten Ordnung nach einem Umsturz.

1814–1815:
Wiener Kongress.

Fürst Klemens von Metternich*
(1773–1859):
Ab 1809 Innenminister in Österreich, danach Staatskanzler. Er stellte in der österreichischen und europäischen Politik entscheidende Weichen.

Zeit der Restauration*

Napoleons Truppen waren geschlagen, seine Herrschaft zusammengebrochen. Wie sollte es jetzt weitergehen? Um diese Frage zu lösen, luden die Siegermächte unter Führung Österreichs, Russlands, Englands und Preußens die Fürsten Europas zu einem Kongress nach Wien ein. Die Herrscher oder ihre Gesandten von fast 200 Staaten und freien Reichsstädten folgten der Einladung.

Jene Fürsten, die von Napoleon vertrieben worden waren, forderten jetzt die Rückgabe ihrer Gebiete. Gemeinsames Ziel aller Teilnehmer war es, die alte Ordnung wiederherzustellen.

Der Wiener Kongress begann am 18. September 1814. Über neun Monate zogen sich die Beratungen hin. Unter dem Vorsitz des österreichischen Staatskanzlers Fürst Metternich* einigte man sich auf folgende Grundsätze:

– Keine der fünf europäischen Großmächte (Frankreich, Großbritannien, Österreich,
Preußen, Russland) soll ein Übergewicht über eine andere Macht bekommen. Nur so könne man den Frieden sichern.

– Frankreich wird wieder Königreich in den Grenzen von 1789.

– Preußen wird um die Rheinprovinz, Westfalen und den Nordteil Sachsens vergrößert. Zusammen mit weiteren Territorien entstand mit dem Nordteil Sachsens die preußische Provinz Sachsen. Die preußische Provinz Sachsen entspricht zum Teil dem Gebiet des heutigen Sachsen-Anhalt.

Länder und Provinzen, Städte und Grenzstreifen wurden während der Verhandlungen zwischen den Fürsten hin- und hergeschoben. An die Folgen für die betroffenen Menschen dachte niemand.

1 *Nennt die wesentlichen Grundsätze für die Neuordnung Europas.*

2 *Beschreibt die Gebietsveränderungen für Preußen und Österreich anhand der Karte.*

Wiener Kongress und Deutscher Bund

2 Die Wiederkehr des allgemeinen Weltfriedens. Eine Frauengestalt, die Frankreich darstellen soll, überreicht dem König von Preußen, dem Kaiser von Österreich und dem russischen Zaren einen Lorbeerkranz. Deutsche Allegorie* auf den Wiener Kongress.

Allegorie:*
Gleichnishafte Darstellung.

Nationale Einheit oder Deutscher Bund?

Das Deutsche Reich war 1806 zerbrochen. Viele Deutsche hofften jetzt, dass nun endlich die Einheit Deutschlands geschaffen würde. In einem Flugblatt hieß es damals:

Q1 … Europas Fürsten haben Deutschland von der Knechtschaft unter Napoleon befreit. Jetzt beraten sie in Wien. Welcher wahre Deutsche kann jetzt träge und schläfrig abwarten, was werden wird? Wer fühlt jetzt nicht voller Begeisterung, dass der Zeitpunkt da ist, wo der Deutsche an der Donau und am Rhein den an der Elbe und Weser als einen Mitbruder umarmen möchte?
Jetzt ist die Zeit, wo die Herrscher erkennen, dass die Völker nicht um ihretwillen, sondern dass sie um der Völker willen da sind. Jetzt ist die Zeit, wo nicht mehr wie bisher den Menschen die Hälfte des Arbeitsschweißes abgepresst wird, um elende Höflinge, kostbare Jagden, die Menge unnützer Schlösser und eine Kriegsmacht zu unterhalten, die nicht dem Schutz des Vaterlandes dient, sondern nur … für die Großmannssucht des Herrschers. Diese Zeiten – wer zweifelt daran – sind vorbei. …

Der Verfasser des Flugblattes irrte sich. Die Großmächte wollten kein mächtiges Deutsches Reich. Auch die deutschen Fürsten wollten keinen starken deutschen Kaiser über sich haben. So schuf man nur einen losen Deutschen Bund mit 35 Fürstentümern und vier freien Städten (Hamburg, Bremen, Lübeck und Frankfurt am Main). Die Gesandten der Fürsten bildeten die Bundesversammlung, auf der Beschlüsse nur mit Zweidrittelmehrheit gefasst werden konnten. Ob die Beschlüsse dann auch tatsächlich durchgeführt wurden, lag im Ermessen der Einzelstaaten.
Auf dem Wiener Kongress waren den Staaten des Deutschen Bundes auch Verfassungen* versprochen worden. Dieses Versprechen wurde zwar in einigen Staaten wie Bayern, Baden oder Hannover gehalten, aber gerade die großen Staaten Preußen und Österreich erhielten keine Verfassung.

3 *Vergleicht die in Q1 geäußerten Erwartungen mit den tatsächlichen Ergebnissen. – Wie könnten die Menschen auf die Gründung des Deutschen Bundes reagiert haben?*
4 *Betrachtet die Allegorie (Abbildung 2). Erklärt, was es bedeutet, dass Frankreich den Herrschern von Preußen, Österreich und Russland einen Lorbeerkranz überreicht.*
5 *Erklärt, was es bedeutet, wenn ein Land eine Verfassung besitzt.*

1815:
Die 35 deutschen Einzelstaaten und vier freie Städte schließen sich im Deutschen Bund zusammen.

Verfassung:*
Die Verfassung regelt die Organisation und das Zusammenleben von Menschen in einem Staat. Dort ist unter anderem festgelegt, wie das Land regiert wird, z. B. allein von einem König oder einer frei gewählten Regierung. Die Macht des Königs kann aber auch durch die Verfassung eingeschränkt sein. Eine Verfassung enthält immer Grundrechte.

Aufbruch zur Freiheit?

18./19. Oktober 1817: Wartburgfest zum Gedenken an den Beginn der Reformation und die Völkerschlacht bei Leipzig.

Liberalismus*
(von lat. liber = frei): Politische Lehre, die seit dem Ende des 18. Jahrhunderts für die politische und wirtschaftliche Freiheit der Bürger eintritt.

Nationalstaat*:
Ein Staatswesen, in dem sich die Angehörigen als einheitliche Nation fühlen und bekennen.

Friedrich Ludwig Jahn (1778–1852): Der in Brandenburg geborene Jahn richtete 1811 den ersten Turnplatz in Berlin ein. Als Turnvater Jahn gilt er bis heute als der Begründer des allgemeinen Volkssports zur körperlichen Ertüchtigung und zur vormilitärischen Erziehung der Jugend.

1 **Wartburgfest.** Etwa 500 Studenten gedachten am 18. und 19. Oktober 1817 der Völkerschlacht bei Leipzig und des Beginns der Reformation (1517) mit einem Fest auf der Wartburg. Holzstich, um 1880.

Enttäuschte Hoffnungen

Von den Beschlüssen der Fürsten auf dem Wiener Kongress waren viele Menschen enttäuscht. Sollten sie dafür ihr Blut vergossen haben, waren dafür Hunderttausende in den zahlreichen Schlachten gefallen, dass jetzt alles so blieb wie vorher? Viele Bürger schlossen sich daher den Liberalen* an. Die Liberalen verlangten:
– eine Verfassung für jedes Land,
– die Anerkennung der Menschenrechte,
– die Beteiligung der Bürger an den politischen Entscheidungen.
Eine andere politische Gruppe strebte die Bildung eines Nationalstaates* an und setzte sich für ein geeintes Deutschland mit frei gewählten Volksvertretern ein.
Die Unzufriedenheit mit den bestehenden politischen Verhältnissen brachten vor allem die Studenten zum Ausdruck. Sie hatten sich 1815 in Jena zur Deutschen Burschenschaft zusammengeschlossen. Die Farben ihrer Verbindung waren Schwarz, Rot und Gold.

1 *Nennt die Forderungen der Liberalen.*

Studenten auf der Wartburg

Zwei Jahre später lud die Burschenschaft der Universität Jena für den 31. Oktober 1817 zu einer Gedenkfeier auf die Wartburg ein. Es sollte an die 300-Jahr-Feier der Reformation und den vierten Jahrestag der Völkerschlacht bei Leipzig erinnert werden. Aus allen deutschen Landen kamen die Studenten herbei. Man sprach von der Freiheit, der deutschen Einheit, von den Toten, die hierfür gefallen waren, und traf sich abends zu einem langen, feierlichen Fackelzug. Einige Studenten entzündeten nach der Feier noch ein Feuer, in das sie die Zeichen der Fürstenherrschaft warfen: eine preußische Polizeivorschrift, einen Husarenschnürleib und Bücher, die die Herrschaft der Fürsten verherrlichten (siehe Abbildung 1).

Reaktion der Fürsten:
Die Karlsbader Beschlüsse

Für die Herrschenden war der Wunsch nach mehr Freiheit nichts anderes als ein Aufruf zur Gesetzlosigkeit. Als am 23. März 1819 der Dichter August von Kotzebue, der sich über die freiheitsliebenden Studenten lustig gemacht hatte, von dem Burschenschaftler Karl Ludwig Sand ermordet wurde, sahen sich die Fürsten in ihrem Urteil bestätigt. Auf einer Konferenz in Karlsbad (im heutigen Tschechien) 1819 wurde beschlossen, die Burschenschaften zu verbieten. Die Universitäten wurden mit einem Netz von Spitzeln überzogen. Zeitungen und Flugblätter unterlagen einer strengen Zensur, d. h. einer Überprüfung und einem möglichen Verbot durch die Behörden. In ganz Deutschland herrschte jetzt die Furcht vor Bespitzelung, Verhören, Verhaftungen. Die Fahndungslisten der Polizei wurden immer länger. Die Gefängnisse füllten sich mit Professoren und Studenten. Zu den Verhafteten zählte auch der „Turnvater" Jahn*. Er hatte bereits 1811 dazu aufgerufen, einen deutschen Nationalstaat zu errichten. Dafür erhielt er jetzt ohne Prozess sechs Jahre Haft.

2 *Erläutert Abbildung 1 mithilfe des Textes. – Was brachten die Studenten mit ihrem Verhalten zum Ausdruck?*

3 *Beschreibt die Reaktion der Fürsten auf die Forderungen der Studenten.*

Unterdrückung und Protest

*Die **schwarz-rot-goldene Fahne** wurde schon 1815 von der Jenaer Burschenschaft benutzt. Sie wurde in den folgenden Jahren zum Symbol der nationalen und demokratischen Bewegung in Deutschland.*

2 „Der Denker-Club". Karikatur, um 1820.

Philipp Jakob Siebenpfeiffer* *(1789–1845): Journalist. Von 1818 bis 1830 erster Landcommissär, d. h. Landrat, des Landkreises Homburg. Als einer der Hauptakteure des Hambacher Festes wurde er am 18. Juni 1832 verhaftet und nach einem 14 Monate dauernden Prozess freigesprochen. Bei einem anschließenden Prozess wegen Beamtenbeleidigung verurteilte man ihn zu zwei Jahren Haft. Ende 1833 gelang ihm jedoch die Flucht in die Schweiz.*

„Freiheit, Recht und Einheit" – das Hambacher Fest

Die Bürger ließen sich auf Dauer trotz aller Schikanen nicht kleinkriegen. Im Jahr 1832 versammelten sich über 30 000 Demonstranten beim Schloss Hambach in der Pfalz. Sie trugen schwarz-rot-goldene Fahnen (siehe die Abbildung in der Randspalte). Es war die erste politische Massenversammlung in Deutschland. Die Redner nahmen in Hambach kein Blatt vor den Mund.

Der Journalist Philipp Jakob Siebenpfeiffer* rief den Massen zu:

Q1 … Vaterland – Freiheit – ja! Ein freies deutsches Vaterland – dies ist der Sinn des heutigen Festes, dies die Worte, den Verrätern der deutschen Nationalsache die Knochen erschütternd. Seit das Joch des fremden Eroberers abgeschüttelt wurde, erwartet das deutsche Volk von seinen Fürsten die verheißene Wiedergeburt; es sieht sich getäuscht.

Die Natur der Herrschenden ist Unterdrückung, der Völker Streben ist Freiheit. Es wird kommen der Tag, wo … der Bürger nicht in höriger Untertänigkeit den Launen des Herrschers, sondern dem Gesetz gehorcht, wo ein gemeinsames deutsches Vaterland sich erhebt. …

Die Bilder regierender Fürsten wurden verbrannt, die Teilnehmer sangen: „Fürsten zum Land hinaus, jetzt kommt der Völkerschmaus!"

4 *Beschreibt, was der Zeichner der Karikatur (Abbildung 2) über die Zustände in Deutschland sagen will.*

5 *Vermutet, wen Siebenpfeiffer meint, wenn er von „Verrätern der deutschen Nationalsache" und dem „fremden Eroberer" spricht (Q1).*

6 *Benennt die Forderungen, die Siebenpfeiffer in Q1 stellt.*

7 *Die Fahne der Bundesrepublik ist schwarz-rot-gold. Erklärt mithilfe des Verfassertextes die Herkunft dieser Farben und erläutert, warum diese Fahne im 19. Jahrhundert zum Symbol für die nationale Bewegung in Deutschland wurde.*

Unterdrückungsmaßnahmen werden verschärft

Wie schon zuvor, so antworteten die Fürsten auch jetzt mit noch härteren Unterdrückungsmaßnahmen. Die Zensur der Presse wurde weiter verschärft, die Rede- und Versammlungsfreiheit aufgehoben.

Hunderte wanderten ins Gefängnis, Tausende flohen ins Ausland, vor allem nach Amerika (siehe S. 76).

1/2 Das „Bürgerlied" und andere Lieder, die vor und während der Revolution von 1848/49 entstanden, sind beispielsweise auf diesen CDs zu hören.

Das Bürgerlied

Im Jahre 1845 wurde ein Flugblatt mit dem Text des „Bürgerliedes" verteilt.

Es beginnt mit den Strophen:

Q1 Ob wir rote, gelbe Kragen,
Helme oder Hüte tragen,
Stiefeln tragen oder Schuh;
Oder ob wir Röcke nähen
Und zu Schuhen Drähte drehen:
Das tut, das tut nichts dazu. …

Ob wir stolz zu Rosse reiten,
Oder ob zu Fuß wir schreiten
Fürbass unser'm Ziele zu;
Ob uns vorne Kreuze schmücken
Oder Kreuze hinten drücken:
Das tut, das tut nichts dazu. …

Dann aber ruft das Lied die Bürger zum Handeln auf:

Q2 Ob wir rüstig und geschäftig,
Wo es gilt zu wirken, kräftig,
Immer tapfer greifen zu;
Oder ob wir schläfrig denken:
Gott wird´s schon im Schlafe schenken!
Das tut, das tut was dazu.

Drum ihr Bürger, drum ihr Brüder,
Alle eines Bundes Glieder,
Was auch jeder von uns tu;
Alle, die dies Lied gesungen,
So die Alten wie die Jungen
Tun wir, tun wir was dazu!

Verbreitet wurde dieses Flugblatt von den „Lichtfreunden". Diese Vereinigung war von dem aus Köthen stammenden Pfarrer Uhlich gegründet worden. Ihr Ziel war eine Demokratisierung der evangelischen Landeskirche. In der Bevölkerung verstärkte diese Bewegung das Gefühl, dass Licht auch in das „politische Dunkel" gebracht werden müsste. Immer lauter wurden daher auch in der preußischen Provinz Sachsen (siehe Text S. 8) die Forderungen nach mehr Freiheit und Demokratie.

Zu den zweimal jährlich in Köthen stattfindenden Versammlungen, in denen offen über alle politischen Fragen diskutiert wurde, kamen oft mehrere Tausend Bürger, die hier ihrem Unmut über die Fürstenherrschaft freien Lauf ließen.

Neben den „Lichtfreunden" gab es noch viele andere Vereine, die sich äußerlich ganz unpolitisch gaben wie z. B. Gesangvereine oder Bürgervereine. In Wirklichkeit aber kamen in diesen Vereinen Bürger zusammen, die eine Änderung der politischen Verhältnisse anstrebten. Von der Polizei wurden diese Vereine misstrauisch beobachtet und bei dem leisesten Verdacht sofort verboten. So kam es auch zu dem Verbot der „Lichtfreunde-Versammlungen" im August 1845.

1 *Im ersten Teil des Liedes enden die Strophen mit der Zeile: „Das tut nichts dazu". – Erklärt diese Zeile. – Worauf will der Verfasser des Liedes damit aufmerksam machen?*

2 *Besprecht, an wen sich dieses Lied wendet und wozu es aufrufen möchte. – Ihr könnt euch dazu auch den ganzen Text des Liedes im Internet ausdrucken.*

3 *Viele weitere Lieder aus dieser Zeit findet ihr im Internet unter: www.folkword.de/37/d/maerz.html Welches davon gefällt euch besonders? – Begründet eure Antwort.*

Das „Lied der Deutschen"

Am 2. April 1798 wurde in Fallersleben (bei Wolfsburg) August Heinrich Hoffmann geboren. Schon als Kind konnte er beobachten, wie sich die politischen Verhältnisse änderten, nachdem Napoleon mit seinen Truppen einmarschiert war. Jetzt galten die Bürgerrechte wie z. B. Religionsfreiheit und die Gleichheit vor dem Gesetz. Als Napoleons Truppen vernichtet waren und seine Herrschaft damit zu Ende ging, wurde auch in Deutschland wieder die alte Adelsherrschaft errichtet. Hoffmann, Professor für deutsche Sprache, kämpfte sein Leben lang gegen diesen Verlust der Bürgerrechte und noch mehr für die Schaffung eines einigen deutschen Vaterlandes. 1841 fuhr Hoffmann von Hamburg nach Helgoland, das damals noch zu England gehörte. Während der Fahrt spielte die Kapelle die englische und französische Nationalhymne, für die Deutschen an Bord aber wurde kein Lied gespielt. Darüber ärgerte er sich sehr und schrieb nach seiner Ankunft sein wohl berühmtestes Gedicht, das „Lied der Deutschen". Hoffmann brachte damit die weit verbreitete Sehnsucht der deutschen Bevölkerung nach einem geeinten Vaterland zum Ausdruck. Vertont wurde das Lied mit der Melodie der Kaiserhymne „Gott erhalte Franz den Kaiser" von Joseph Haydn. Als Nationalhymne gilt heute nur noch die dritte Strophe des Liedes.

Das Lied der Deutschen
Hoffmann von Fallersleben (1841)

Deutschland, Deutschland über alles,
über alles in der Welt,
wenn es stets zum Schutz und Trutze
brüderlich zusammenhält,
von der Maas bis an die Memel,
von der Etsch bis an den Belt –
Deutschland, Deutschland über alles,
über alles in der Welt!

Deutsche Frauen, deutsche Treue,
deutscher Wein und deutscher Sang
sollen in der Welt behalten
ihren alten schönen Klang,
uns zu edler Tat begeistern
unser ganzes Leben lang –
deutsche Frauen, deutsche Treue,
deutscher Wein und deutscher Sang!

Einigkeit und Recht und Freiheit
für das deutsche Vaterland!
Danach lasst uns alle streben
brüderlich mit Herz und Hand!
Einigkeit und Recht und Freiheit
sind des Glückes Unterpfand –
blüh im Glanze dieses Glückes,
blühe, deutsches Vaterland!

Historische Lieder verstehen
Um historische Lieder wirklich zu verstehen, sollte man folgendermaßen vorgehen:

1. Schritt:
Informationen zur Entstehungsgeschichte besorgen
– Wann wurde das Lied geschrieben?
– Wer war der Verfasser und welche politische Einstellung hatte er?
– Wer war der Komponist?

2. Schritt:
Untersuchung des Textes
– Klärung unbekannter Begriffe
– Inhalt des Liedes erfassen

3. Schritt:
Beurteilung
– Welche Absichten verfolgt der Verfasser mit diesem Lied?
– An wen und gegen wen richtet das Lied?
– Werden Forderungen gestellt?

1 *Untersucht jetzt mithilfe der Schritte die beiden Lieder auf dieser Doppelseite.– Besorgt euch zusätzliche Informationen im Internet.*
2 *Vergleicht die Aussagen der ersten und dritten Strophe des Deutschlandliedes. Welche Unterschiede stellt ihr fest?*
3 *Überlegt, warum heute nur noch die dritte Strophe des Deutschlandliedes gesungen wird.*

Bürger oder Untertan?

1 „Mein Nest ist das Best." Zeichnung von Ludwig Richter von 1869.

1 Beschreibt, welchen Eindruck die Abbildungen 1–3 auf euch machen.

„Die Menschen ziehen sich zurück"

Der Wunsch nach einem großen, geeinten Deutschland hatte sich in Wien nicht erfüllt. Auch die Forderung der Bürger nach mehr Mitbestimmung war von den Fürsten abgelehnt worden. Sie sahen in der Bevölkerung nicht mündige Bürger, sondern Untertanen, die regiert werden müssen, und legitimierten* so ihre Herrschaft. Das Ergebnis des Wiener Kongresses löste daher vor allem in Deutschland Enttäuschung und Verbitterung aus. Viele Menschen zogen sich jetzt in die eigenen vier Wände zurück. Außerdem fürchteten sie die Bespitzelung durch fürstliche Beamte. Von der Politik wollten die Bürger jetzt nichts mehr wissen. Sie zogen sich ins Privatleben zurück und entwickelten eine Lebenseinstellung, die mit dem Begriff „Biedermeier*" bezeichnet wurde.

Der Rückzug ins Private zeigte sich auch in der bildenden Kunst. Einen Namen in der Malerei machten sich vor allem Caspar David Friedrich (1774–1840) und Ludwig Richter (1803 bis 1884). Beide waren in Dresden tätig, das zu den Zentren der deutschen Romantik* zählte. In den Bildern Richters (siehe Abbildung 1) kommen seine Liebe zum Kleinen und Nahen, der Hang zur Idylle und seine Volksverbundenheit zum Ausdruck. Caspar David Friedrich war hingegen ein Vertreter der Romantik, die sich vor allem um den Ausdruck von Gefühlen bemühte und in ihren Bildern ein tiefes Empfinden für die Natur zum Ausdruck brachte. Weil Künstler wie Richter oder Friedrich durch ihre Art der Darstellung alles vermieden, was sie in einen Konflikt mit den Herrschenden hätte bringen können, spottete der Schriftsteller Gottfried Kinkel:

Q1 … Stets nur treu und stets loyal*
Und vor allem stets zufrieden.
So hat Gott es mir beschieden.
Folglich bleibt mir keine Wahl.
Ob des Staates alte Karren
Weise lenken oder Narren,
Dieses geht mich gar nichts an;
Denn ich bin ein Untertan. …

2 In dem Gedicht wird der Bürger als „Untertan" bezeichnet. – Worauf möchte der Dichter damit hinweisen?

Romantik*:
Von Deutschland ausgehende geistige Bewegung in der Zeit von 1790 bis 1830. Die Flucht aus der Wirklichkeit in eine Welt des Gefühls und der Fantasie, die Natur und die Rückbesinnung auf die Vergangenheit standen im Zentrum der romantischen Malerei, Literatur und Musik.

legitimieren*:
Für gesetzlich und rechtmäßig erklären.

loyal*:
Dem Gesetz gemäß, rechtmäßig.

Biedermeier*:
Bezeichnung für den bürgerlichen Lebensstil zwischen 1815 und 1848. Enttäuscht von der Wiederherstellung der alten Ordnung, die die Bürger aus der Politik verdrängte, zogen sich die Menschen ins Privatleben zurück, um hier Erfüllung zu finden.

Biedermeier und Romantik

2   „Mondaufgang am Meer." Gemälde von Caspar David Friedrich, 1832.

3   „Die gute alte Zeit." Das Innere einer Bürgerwohnung im Biedermeierstil. Gemälde, um 1835.

***Behaglichkeit
statt Prunk:***
*Der Wunsch nach
Bequemlichkeit im
„trauten Heim"
prägte auch die
Wohnkultur im Bie-
dermeier. Der Sekre-
tär, das Polstersofa,
die Fußbank oder der
Vitrinenschrank, in
dem die Schmuck-
stücke der Familie
zur Schau gestellt
wurden, sind typi-
sche Möbel dieser
Zeit. Behaglichkeit,
Schlichtheit statt
Zierrat und Funktio-
nalität hießen die
Forderungen, die
Biedermeiermöbel für
den Mittelstand
erfüllen mussten.*

Die Revolution von 1848/49

1 Revolutionen in Europa 1848/49.

Paris gibt das Signal für Erhebungen in Europa: Das Volk verjagt die Könige

Im Frühjahr des Jahres 1848 wurden viele Staaten Europas von einer Revolution erfasst. Im Februar nahm die revolutionäre Welle erneut in Frankreich ihren Anfang. In Paris demonstrierten die Menschen gegen die Monarchie und forderten neben anderen Verbesserungen ein neues Wahlrecht. Denn nur wer über ein hohes Einkommen verfügte, durfte auch zur Wahl gehen. Den aufgebrachten Bürgern rief ein Minister daraufhin zu: „Werdet doch reiche Leute."

Die Arbeiter, Tagelöhner und Handwerker fühlten sich durch diesen Ausspruch verhöhnt. Sie stürmten Ende Februar 1848 den Königspalast. Der König musste gehen, die Republik wurde ausgerufen. Dies war das Signal zu zahlreichen Revolutionen in ganz Europa.

Im Deutschen Bund wurden zuerst die an Frankreich grenzenden Staaten und Provinzen erfasst. In Baden und im Rheinland gab es die ersten revolutionären Aktionen. Die Menschen in allen deutschen Staaten verlangten Freiheiten, eine Verfassung und ein deutsches Parlament. Die Forderungen lassen sich in dem Ruf nach Freiheit und Einheit zusammenfassen.

Der Großherzog Leopold von Baden schrieb an den König von Preußen:

Q1 … Meine Zugeständnisse sind teils von zweckmäßiger Art, teils von untergeordneter, teils von keiner nachträglichen Bedeutung. Die erste Aufgabe war, das Land zu beruhigen und zusammenzuhalten. …

1 *Stellt mithilfe der Karte fest, in welchen Städten im Frühjahr 1848 Aufstände ausbrachen.*
2 *Beurteilt mithilfe von Q1, wie ernst die Zugeständnisse des Großherzogs gemeint waren.*

Barrikadenkämpfe in Berlin – Höhepunkt der Märzrevolution

Die Nachrichten von der Revolution in Paris und den erfolgreichen Erhebungen in anderen deutschen Staaten führten in Berlin zu zahlreichen politischen Versammlungen. Auf ihnen forderten die Arbeiter von der Regierung Maßnahmen gegen die Arbeitslosigkeit. Bürger, Studenten und Arbeiter forderten zudem gemeinsam Presse- und Redefreiheit, Versammlungsfreiheit, Freilassung der politischen Gefangenen, eine freiheitliche Verfassung und eine allgemeine deutsche Volksvertretung.

März 1848:
Revolutionäre Aufstände in Europa. In Paris, Wien und Berlin treten die alten Regierungen zurück. Die Forderung nach Parlamenten, die eine Verfassung beraten sollen, wird erfüllt.

Das Volk geht auf die Barrikaden

2 Barrikadenkämpfe in Berlin, 18./19. März 1848. Aus der Bleiverglasung von Fenstern wurden Kugeln gegossen. Farblithografie von F. C. Nordmann, 1848.

Die Lage spitzte sich immer mehr zu. Der preußische König war zunächst nicht bereit, den Forderungen nachzugeben. Er wehrte sich gegen eine geschriebene Verfassung: „Zwischen mich und mein Volk soll sich kein Blatt Papier drängen." Um die politischen Versammlungen auseinanderzutreiben, ließ der König sogar Truppen in die Stadt einrücken. Aber die Protestierenden ließen sich nicht einschüchtern. König Friedrich Wilhelm IV. gab schließlich nach und versprach, dem Land eine Verfassung zu geben.

Um ihrem König für die Zusage einer Verfassung zu danken, versammelten sich am 18. März 1848 etwa 10 000 Berliner vor dem Schloss. Plötzlich fielen – vermutlich aus Versehen – zwei Schüsse. Die Bürger fühlten sich betrogen. In aller Eile bauten sie Straßenbarrikaden. Auf den Barrikaden wehten schwarz-rot-goldene Fahnen. Mit den einfachsten Waffen wurden die gut ausgebildeten Armeeeinheiten abgewehrt. Schließlich musste sich das Militär zurückziehen.

Am folgenden Tag wurden von den Bürgern die Leichen von 150 Barrikadenkämpfern vor das königliche Schloss getragen. Der König wurde gezwungen, sich vor den Särgen der Gefallenen zu verneigen. Mit einer schwarz-rot-goldenen Binde am Arm musste er durch die Straßen reiten.

Am Abend erließ er einen Aufruf:

Q2 … Ich habe heute die alten deutschen Farben angenommen und mich und mein Volk unter das ehrwürdige Banner des Deutschen Reiches gestellt. Preußen geht fortan in Deutschland auf. …

Neue Freiheiten

Die Revolution sollte den Berlinern große und kleine Freiheiten bescheren. Von nun an durfte auf der Straße geraucht werden, Presse- und Versammlungsfreiheit ließen ein lebhaftes öffentliches Leben zu.

Berlin wurde mit Flugblättern, Maueranschlägen und Plakaten geradezu überschwemmt. Politisch Gleichgesinnte schlossen sich in den sogenannten „Klubs" zusammen, den Vorläufern der politischen Parteien. Hatte die Revolution damit auch in Berlin endgültig gesiegt? Eine Antwort konnten erst die nächsten Monate geben.

3 *Erklärt, was es bedeutet, wenn der König von Preußen die Farben Schwarz-Rot-Gold annimmt.*

Die erste deutsche Nationalversammlung

*Die **Paulskirche** in Frankfurt am Main heute.*

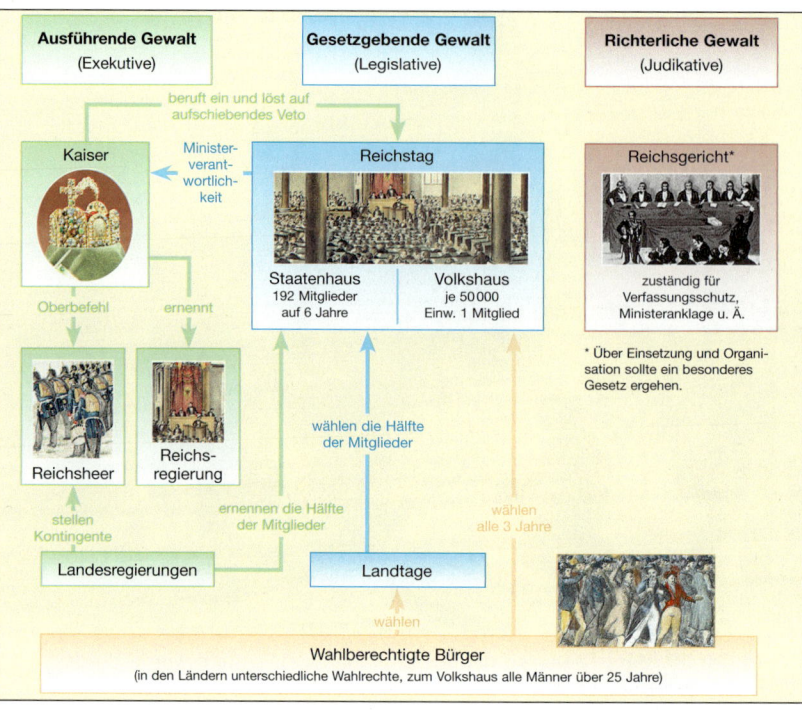

1 Verfassung der deutschen Nationalversammlung vom 28. Mai 1849. Schaubild.

28. März 1849:
Verabschiedung der Reichsverfassung durch die deutsche Nationalversammlung.

18. Mai 1848:
Die erste Sitzung der deutschen Nationalversammlung in der Paulskirche in Frankfurt am Main.

Die Abgeordneten in der Paulskirche

Noch im Frühjahr 1848 wurden fast überall die Regierungen in den deutschen Staaten zum Rücktritt gezwungen. Erstmalig fanden nun in ganz Deutschland allgemeine und gleiche Wahlen zu einer verfassunggebenden Versammlung statt. Frauen hatten allerdings kein Wahlrecht. Fast zwei Drittel der 573 Abgeordneten waren Akademiker, vor allem Professoren, Beamte, Juristen und Ärzte. Die übrigen Abgeordneten waren Vertreter der Wirtschaft, wie zum Beispiel Gutsbesitzer, Kaufleute und Industrielle. Arbeiter und Frauen fehlten jedoch in dem Parlament, das am 18. Mai 1848 in der Paulskirche in Frankfurt am Main zu seiner ersten Sitzung zusammentrat.

Neben der Frankfurter Nationalversammlung trat auch in Berlin eine „Nationalversammlung" für Preußen zusammen. In Frankfurt und Berlin saßen die bekanntesten „Freiheitsmänner" aller deutschen Länder und Provinzen. Für die Provinz Sachsen waren unter anderem der Arzt Wilhelm Loewe aus Calbe/Saale, die Professoren Max Duncker und Rudolf Haym aus Halle Abgeordnete der Frankfurter Nationalversammlung. In der Preußischen Nationalversammlung in Berlin waren der Magdeburger Unternehmer Hans Victor von Unruh, der Prediger Leberecht Uhlich und der Arzt Carl Stockmann aus Laucha an der Unstrut vertreten.

In der Provinz Sachsen waren aber auch der Adel und andere Königstreue stark vertreten. Einer der wichtigsten konservativen Politiker der Provinz war der junge Otto von Bismarck (siehe S. 22/23).

Am 28. Mai 1849 verabschiedete die Nationalversammlung die Reichsverfassung. Darin wurden die Grundrechte festgelegt:

Q1 … § 137 Vor dem Gesetz gilt kein Unterschied der Stände. Der Adel als Stand ist aufgehoben. Alle Standesvorrechte sind abgeschafft. Die Deutschen sind vor dem Gesetz gleich.

§ 138 Die Freiheit der Person ist unverletzlich.

§ 139 Die Wohnung ist unverletzlich. …

§ 143 Jeder Deutsche hat das Recht, durch Wort, Schrift, Druck oder bildliche Darstellung seine Meinung frei zu äußern. …

§ 161 Die Deutschen haben das Recht, sich friedlich und ohne Waffen zu versammeln; einer besonderen Erlaubnis bedarf es nicht. …

Ein König will kein Kaiser werden

Andere Zeiten — andere Sitten!

Am 22. März 1848.
Hut ab!

Am 26. Februar 1849.
Hüte ab!

2 **Andere Zeiten – andere Sitten!** Karikatur, 1849.

1 Beschreibt die Verfassung (Schaubild 1) und untersucht die Rolle von Kaiser, Reichstag, Reichsregierung und Volk (siehe Methode, S. 110). Notiert dazu wichtige Stichworte.
2 Prüft, ob die Verfassung (Abb. 1) mit unseren Vorstellungen von Demokratie übereinstimmt.
3 Recherchiert mithilfe von Lexika, Sachbüchern oder dem Internet die Lebensläufe der im Verfassertext genannten Abgeordneten der preußischen Provinz Sachsen in der Frankfurter und Preußischen Nationalversammlung in Berlin.

Der König lehnt die Kaiserkrone ab

Die Nationalversammlung diskutierte lange Zeit die Frage, ob das Deutsche Reich eine Republik oder eine Monarchie sein sollte. Man entschied sich schließlich für die Wahl eines Kaisers, der gemeinsam mit dem Parlament die Gesetze erlassen sollte.
Doch wer sollte Kaiser werden? Zwei Möglichkeiten boten sich an: ein großes Deutsches Reich unter der Führung Österreichs mit dem österreichischen Kaiser oder die „kleindeutsche" Lösung ohne Österreich unter der Führung Preußens. Man einigte sich auf die kleindeutsche Lösung unter der Führung Preußens. „Kaiser der Deutschen" sollte Friedrich Wilhelm IV. von Preußen werden. Doch der preußische König lehnte ab.
Selbstbewusst schrieb er im Februar 1849:

Q2 … Diese Krone ist nicht die tausendjährige Krone „deutscher Nation", sondern eine Geburt des scheußeligen Jahres 1848. … Untertanen können keine Krone vergeben. … Mit Gottes Hilfe werden wir „oben" wieder „oben" und „unten" wieder „unten" machen. Das ist es, was vor allem Not tut. …

Mit dieser Reaktion des preußischen Königs hatten die Abgeordneten nicht gerechnet. Die meisten Abgeordneten traten nun aus der Nationalversammlung aus, die über keinerlei Machtmittel verfügte, um ihre Beschlüsse durchzusetzen: Armee, Polizei und Beamtenschaft standen auf der Seite der Fürsten. Nur 100 Abgeordnete blieben zusammen und gründeten Anfang Mai in Stuttgart ein Rumpfparlament, das allerdings noch im Juli durch württembergische Truppen aufgelöst wurde.
4 Untersucht Q2: Wie argumentiert der König bei seiner Ablehnung der Kaiserkrone?
5 Nennt die Gründe für das Scheitern der Nationalversammlung.
6 Erklärt, auf welche historischen Ereignisse die Karikatur (Abbildung 2) anspielt. Wie urteilt der Zeichner über den Verlauf der Revolution?

April 1849:
Die Nationalversammlung wählt den preußischen König zum „Kaiser von Deutschland". Der König lehnt ab, und die Nationalversammlung löst sich auf.

Lesetipp:
Dietlof Reiche: Der verlorene Frühling. Beltz & Gelberg, Weinheim 2002.

Das Scheitern der Revolution

1 Aufruf zur Unterstützung der Dresdner Aufständischen zur Verteidigung der Revolution. Leipzig, 5. Mai 1849.

2 Sächsische Aufständische werden in Gefangenschaft geführt. Neuruppiner Bilderbogen von 1849.

Juni bis Oktober 1848:
Österreichische Truppen schlagen Aufstände in Wien, Prag und Oberitalien nieder.

Dezember 1848:
Gewaltsame Auflösung der preußischen Nationalversammlung durch Friedrich Wilhelm IV.

Mai 1849:
Erhebungen für die Reichsverfassung in den deutschen Kleinstaaten werden durch preußische Truppen niedergeworfen. Die Fürsten schränken das Wahlrecht und andere Grundrechte ein.

Die Fürsten wollen die Macht zurück

Während die Frankfurter Nationalversammlung tagte, schlugen österreichische Truppen revolutionäre Erhebungen in Prag, Oberitalien und Wien nieder. Die führenden Revolutionäre wurden hingerichtet. Unter ihnen auch Robert Blum, ein Abgeordneter der Frankfurter Nationalversammlung, der mit den Wiener Arbeitern und Handwerkern gegen die kaiserlichen Truppen gekämpft hatte. Der Ministerpräsident Fürst Schwarzenberg löste den verfassunggebenden Reichstag auf und verfügte eine neue Verfassung. Auch in Preußen, also auch in der Provinz Sachsen, begann noch 1848 die Gegenrevolution. Im September berief Friedrich Wilhelm IV. einen Ministerpräsidenten, der mit Hilfe der Armee für Ruhe und Ordnung sorgen sollte. Berlin wurde durch 40 000 Soldaten unter Führung General Wrangels besetzt. Noch im Dezember löste der König die preußische Nationalversammlung auf. Preußen wurde vom Zentrum der Märzrevolution zur führenden Kraft der Gegenrevolution in Deutschland.

1 *Überlegt, wie die Revolutionäre auf diese Entwicklung reagieren konnten.*

Aufstände für die Reichsverfassung – Dresden in Aufruhr

Im Frühjahr 1849 versuchten revolutionäre Bürger durch Aufstände doch noch die Anerkennung der Verfassung durchzusetzen. Zu solchen Aufstandsbewegungen kam es in Dresden und Elberfeld, im Rheinland und in Süddeutschland.

In Sachsen hatte der sächsische Landtag am 8. April 1849 für die Annahme der Reichsverfassung gestimmt. Noch am gleichen Tage löste König August II. den Landtag auf, und auch die Proteste der Bevölkerung konnten den König nicht umstimmen. Als bekannt wurde, dass die Regierung preußische Truppen angefordert hatte, kam es zu gewaltsamen Unruhen. Am 4. Mai – der König und seine Minister waren aus Dresden geflohen – bildeten demokratische Bürger eine vorläufige Regierung. In einem Bericht aus unserer Zeit heißt es:

M1 … Binnen weniger Stunden wuchsen in Dresdens Altstadt 108 Barrikaden empor. Handwerker und Arbeiter türmten Steine und Holzstühle auf. Frauen und Kinder trugen zerschlissene Fußmatten, alte eiserne Koch-

Die Fürsten stellen die alte Ordnung wieder her

3 **Rundgemälde von Europa 1849.** Die Revolutionäre werden verjagt: vom preußischen König in die Schweiz gefegt, vom französischen Herrscher nach Amerika verschifft. In Frankfurt a. M. verkümmert eine parlamentarische Vogelscheuche.

töpfe und durchgelegene Strohsäcke zusammen. Künstler wie Gottfried Semper und Richard Wagner standen an der Seite der Aufständischen …

Am 5. Mai begannen die Kämpfe mit den preußischen Truppen. 5000 Soldaten kreisten die Altstadt ein. Ihnen gegenüber standen etwa 3000 schlecht bewaffnete Aufständische, die nach blutigen Barrikadenkämpfen am 9. Mai aufgeben mussten. Die vorläufige Regierung wurde entmachtet. Zahlreiche Aufständische wurden erschossen, und die Zuchthäuser des Landes füllten sich mit verurteilten Teilnehmern der Maiaufstände.

Die Wiederherstellung der alten Ordnung

Nicht nur in Dresden, auch in den anderen deutschen Ländern wurden die Aufstände durch preußische Truppen blutig niedergeschlagen. Viele Revolutionäre wurden hingerichtet oder zu hohen Zuchthausstrafen verurteilt. Vor dem Zugriff der Polizei flüchteten viele Menschen ins Ausland, vor allem nach Amerika. Die Fürsten dagegen stellten in den Ländern die alte Ordnung wieder her. Sie behinderten die Arbeit der Landesparlamente und schränkten das Wahlrecht ein. Friedrich Wilhelm IV. erließ für Preußen ohne weitere

Absprache mit den gewählten Vertretern des Volkes eigenmächtig eine Verfassung, die dem König eine starke Stellung einräumte. 1850 vereinbarten Preußen und Österreich die Wiederherstellung des alten Deutschen Bundes (Karte S. 8). Die von der Nationalversammlung in Kraft gesetzten Grundrechte wurden 1851 durch den neu zusammengetretenen Frankfurter Bundestag aufgehoben. Die Revolution von 1848 war damit endgültig gescheitert. Bestehen bleibt die Mahnung auf einem Stein für gefallene Revolutionäre in Berlin:

Q1 … Das Denkmal habt ihr selber euch errichtet. Nur ernste Mahnung spricht aus diesem Stein. Dass unser Volk niemals darauf verzichtet, wofür ihr starbt – einig und frei zu sein. …

2 *Beschreibt mithilfe des Verfassertexts und der Abbildung 3 den Verlauf und die Folgen der Gegenrevolution.*
3 *Amnesty International berichtet regelmäßig über Menschen, die verfolgt oder auch ermordet werden, weil sie sich für eine freiheitliche Ordnung in ihrem Land einsetzen. – Ihr könnt euch unter folgender Internetadresse darüber informieren und euch erkundigen, wie ihr die Verfolgten unterstützen könnt.*
www.amnesty.de

Zwar kam es auch in der Provinz Sachsen zu Aufständen, doch wurden diese schon frühzeitig erstickt. Trotz eines dichten Netzes liberaler und demokratischer Volksvereine erreichte die Revolution hier nicht die gleiche Kraft wie in Dresden oder Berlin. Im Gegenteil waren es gerade altmärkische und magdeburgische Adlige, die entscheidend an der preußischen Gegenrevolution mitwirkten.

Internettipp:
Zur Revolution 1848/49 findet ihr viele interessante Informationen auf der Homepage ***www.demokratie geschichte.eu***

Kaiserreich und nationale Idee

1 Die Länder des Deutschen Reiches.

Legende:
- Preußen 1864
- Erwerbungen bis 1866
- Norddeutscher Bund 1867–71
- Deutsche Länder außerhalb des Deutschen Bundes
- Anschluss an das Deutsche Reich 1871
- Grenze des Deutschen Bundes 1864
- Grenze des Deutschen Reiches 1871
- Grenzen anderer Staaten
- 0 50 100 150 km

Großdeutsche oder kleindeutsche Lösung:
Im Bemühen um die Bildung eines einheitlichen deutschen Staates im 19. Jahrhundert ging es immer wieder um die Frage, ob Österreich Teil dieses Staates werden sollte (großdeutsche Lösung) oder nicht (kleindeutsche Lösung).

Preußen und Österreich kämpfen um die Vorherrschaft

Im Jahre 1815 hatten sich 35 Fürstentümer und vier freie Reichsstädte zum „Deutschen Bund" zusammengeschlossen (siehe Karte S. 8). In diesem Bund waren zwei große Einzelstaaten vertreten: Preußen und Österreich. Beide Staaten versuchten seitdem ständig, die alleinige Vorherrschaft im Deutschen Bund zu erreichen. Besonders Preußen drängte darauf, die Machtfrage endgültig zu entscheiden. Um dieses Ziel zu erreichen, strebte Preußen die Vorherrschaft in Norddeutschland an, um so ein zusammenhängendes Staatsgebiet herzustellen.

Für die Vormachtstellung Preußens setzte sich vor allem Otto von Bismarck ein, ein Gutsherr aus Schönhausen an der Elbe und Abgeordneter im preußischen Parlament (siehe S. 18, S. 23, Abbildung 3 und Randspalte).

Im Jahre 1861 hielt Bismarck im preußischen Parlament eine viel beachtete Rede:

Q1 … Preußens Grenzen … sind für ein gesundes Staatsleben nicht günstig. Nicht durch Reden und Mehrheitsbeschlüsse werden die großen Fragen der Zeit entschieden – das ist der große Fehler von 1848 und 1849 –, sondern durch Eisen und Blut. …

Nur ein Jahr später ernannte ihn der preußische König Wilhelm I. (1797–1888) zum preußischen Ministerpräsidenten. Durch immer neue Forderungen brachte Bismarck Österreich dazu, im Jahre 1866 Preußen den Krieg zu erklären. Unterstützt wurde Österreich von der Mehrzahl der deutschen Fürsten. Schon nach wenigen Wochen wurden die österreichischen Truppen und ihre Verbündeten in der Schlacht von Königgrätz geschlagen. Damit schied Österreich aus dem sich bildenden deutschen Nationalstaat unter der Führung Preußens aus.

1 *Beurteilt die Rede Bismarcks (Q1). Sammelt dazu auch entsprechende Adjektive wie z. B. zielstrebig. – Begründet euer Urteil.*

2 *Beschreibt mithilfe von Q1 Bismarcks Einstellung zum Parlament und zur Revolution von 1848/49.*

3 *Seht euch die Karte 1 an. Welche Vorteile brachte die Gebietserweiterung durch den Krieg von 1866 für Preußen?*

Der Weg zum Deutschen Reich

2 Karikatur auf Preußens Annexionen* und die Gründung des Norddeutschen Bundes.

3 Otto von Bismarck (1815–1898), preußischer **Ministerpräsident**. Gemälde, um 1870.

Otto v. Bismarck, geb. am 1. April 1815 in Schönhausen bei Magdeburg, gest. am 30. Juli 1898 in Friedrichsruh bei Hamburg. Bismarck war Angehöriger einer der ältesten Familien des preußischen Landadels und in der Revolution von 1848 ein entschiedener Gegner der demokratischen Bewegung. Seit 1862 war er preußischer Ministerpräsident, seit 1871 Reichskanzler des Deutschen Reiches. Er prägte bis zu seiner Entlassung als Reichskanzler, 1890, die Innen- und Außenpolitik des Deutschen Kaiserreichs.

Anbahnung der deutschen Einheit

Bismarck hatte durch den Sieg bei Königgrätz den Machtkampf mit Österreich zugunsten Preußens entschieden.

Während der preußische König Wilhelm I. die vollständige Niederwerfung Österreichs wünschte, drängte Bismarck auf einen maßvollen Frieden:

Q2 … Österreich darf nicht gedemütigt werden. Man muss für die Zukunft seine Freundschaft gewinnen, sonst wird es der Bundesgenosse Frankreichs … Wir wollen nicht Richter über Österreich spielen …, sondern die Anbahnung der deutschen Einheit unter dem König von Preußen ins Auge fassen. …

Die „Anbahnung der deutschen Einheit" begann nur ein Jahr später mit der Gründung des „Norddeutschen Bundes". Ihm gehörten alle Staaten nördlich des Mains an (siehe Karte 1). An der Spitze des Bundes stand der preußische König, dem alle Truppen unterstellt wurden. Bundeskanzler wurde Bismarck. Sein Ziel war es, auch die vier süddeutschen Staaten, nämlich Bayern, Baden, Württemberg und Hessen, in den Bund einzugliedern. Dagegen allerdings wehrte sich Frankreich

ganz entschieden. Ein Deutsches Reich unter der Führung Preußens schien Frankreich eine zu große Gefahr zu sein. Bismarck schloss daher mit den süddeutschen Staaten zunächst nur geheime „Schutz- und Trutzbündnisse": Die süddeutschen Staaten verpflichteten sich darin, im Kriegsfall ihre Truppen dem Oberbefehl des preußischen Königs zu unterstellen. Die vollständige Einheit Deutschlands schien nur noch eine Frage der Zeit zu sein.

Voller Bewunderung schrieb ein Professor, der zunächst für die Machtpolitik Bismarcks nur Verachtung gezeigt hatte:

Q3 … Ich beuge mich vor dem Genie eines Bismarck … Was uns Uneingeweihten als Übermut erschien, es hat sich hinterher herausgestellt als unerlässliches Mittel zum Ziel (der deutschen Einheit). Ich gebe für einen solchen Mann der Tat 100 Männer … der machtlosen Ehrlichkeit. …

4 Vergleicht die Beurteilung der Machtpolitik Bismarcks in der Karikatur und in Q3.
5 Nehmt Stellung zu dem Satz: „In der Politik heiligt der Erfolg die Mittel."

Annexion*: Gewaltsame Aneignung.

1867: Gründung des Norddeutschen Bundes unter Führung Preußens.

Durch Krieg zum deutschen Nationalstaat

1870/71:
Deutsch-franzö-
sischer Krieg.

Wilhelm I.
war seit 1858 Regent
für seinen kranken
Bruder, König Fried-
rich Wilhelm IV. Nach
seinem Tod folgte er
ihm 1861 als preu-
ßischer König auf
dem Thron nach.
1871 wurde er im
Spiegelsaal von
Schloss Versailles bei
Paris zum deutschen
Kaiser gekrönt. In der
Revolution von
1848/49 trug er als
Oberbefehlshaber
der preußischen
Truppen und als Ver-
treter seines Bruders
zur Niederschlagung
bei, was ihn sehr un-
beliebt machte. Seine
Regierungszeit war
wesentlich vom Wir-
ken Bismarcks als
preußischem Minis-
terpräsidenten und
Reichskanzler ge-
prägt. Von Bismarck
gelenkt, konnte unter
seiner Regierung
eines der wesent-
lichen Ziele der Revo-
lutionäre, die Schaf-
fung eines deutschen
Nationalstaates,
verwirklicht werden.
Im Kaiserreich genoss
Wilhelm I. große
Popularität.

1 **Die Ausrufung des deutschen Kaiserreiches am 18. Januar 1871 im Spiegelsaal von Schloss Versailles.** Gemälde von Anton von Werner, 1882.

Ein „notwendiger Krieg" mit Frankreich?

Das letzte Hindernis auf dem Weg zur Einheit Deutschlands unter preußischer Führung war die Politik Frankreichs. Der französische König Napoleon III. strebte die Vorherrschaft auf dem europäischen Festland an und wollte einen starken deutschen Nationalstaat auf jeden Fall verhindern. Im Jahre 1868 meinte Bismarck:

Q1 … Ich sehe einen baldigen Krieg mit Frankreich als eine unabweisliche Notwendigkeit an … Mit Rücksicht auf die süddeutschen Staaten liegt es in unserem Interesse, nicht den Anlass zu einem Krieg zu geben. Aufgrund der mit ihnen geschlossenen Schutzverträge können wir mit voller Bestimmtheit auf ihre Hilfe rechnen, wenn der Krieg von Frankreich erklärt wird. …

Zum äußeren Anlass für den Krieg wurde die Frage nach der Thronfolge in Spanien. Prinz Leopold von Hohenzollern-Sigmaringen, ein Verwandter des preußischen Königs, bewarb sich um die spanische Königskrone. Bismarck unterstützte diese Bewerbung. Frankreich aber protestierte mit Nachdruck gegen diese „Einkreisung" durch die Hohenzollern. Prinz Leopold verzichtete daraufhin sofort auf seine Kandidatur. Das aber genügte der französischen Regierung nicht. In einem Schreiben an Wilhelm I. forderte sie einen Verzicht auf den spanischen Thron für alle Zeiten.

Wilhelm I. wies diese Forderung entschieden zurück. Am 19. Juli 1870 erklärte Frankreich daraufhin den Krieg. Die süddeutschen Staaten schlossen sich sofort dem Norddeutschen Bund an; eine Welle der Kriegsbegeisterung erfasste die deutschen Staaten.

Kapitulation bei Sedan

Wenige Wochen später, am 2. September 1870, musste die französische Armee bei Sedan kapitulieren. Mit fast 100 000 Soldaten geriet auch der französische Kaiser Napoleon III. in Gefangenschaft, doch der Krieg ging weiter. Erst im Januar 1871 kapitulierte Frankreich endgültig. Im Friedensvertrag wurde es zu einer hohen Entschädigungssumme verurteilt. Außerdem musste Frankreich das Elsass und Teile Lothringens abtreten. Viele Stimmen, auch Bismarck, warnten mit dem Hinweis, dass mit allzu harten Bedingungen schon der Grundstock für den nächsten Krieg gelegt würde. Doch dieses Mal konnte sich Bismarck gegen die Militärführung nicht durchsetzen. Eine tiefe Feindschaft trennte nun beide Völker.

1 *Erläutert die Warnung Bismarcks vor zu harten Friedensbedingungen.*
2 *Nennt Gefahren, die aus den harten Friedensbedingungen entstehen konnten.*

Einheit oder Freiheit?

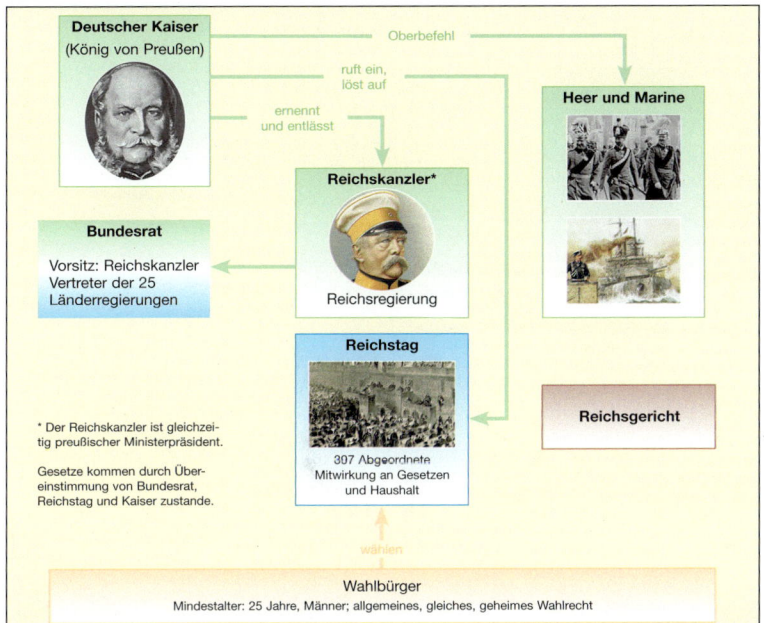

Deutscher Kaiser (König von Preußen) — Oberbefehl

ruft ein, löst auf

ernennt und entlässt

Reichskanzler*

Reichsregierung

Heer und Marine

Bundesrat
Vorsitz: Reichskanzler
Vertreter der 25
Länderregierungen

Reichstag

307 Abgeordnete
Mitwirkung an Gesetzen
und Haushalt

Reichsgericht

* Der Reichskanzler ist gleichzeitig preußischer Ministerpräsident.

Gesetze kommen durch Übereinstimmung von Bundesrat, Reichstag und Kaiser zustande.

wählen

Wahlbürger
Mindestalter: 25 Jahre, Männer; allgemeines, gleiches, geheimes Wahlrecht

2   Die Reichsverfassung von 1871. Schaubild.

1871: Gründung des Deutschen Reiches.

Wilhelm I. wird deutscher Kaiser

Während des Krieges mit Frankreich notierte der preußische Kronprinz in sein Tagebuch:

Q2 … Wohl aber drängt die deutsche Geschichte jetzt auf eine baldige Wiederherstellung von Kaiser und Reich durch unser königliches Haus. Dieses Ereignis kann in keinem günstigeren Momente eintreten als in jenem Augenblick, an dem unser König an der Spitze des deutschen Heeres als Sieger über Frankreich auf französischem Boden steht. …

Mit dieser Einschätzung traf der Prinz die Stimmung im deutschen Volk. Viele hofften auf ein einheitliches Deutsches Reich. Bismarck hatte schon während des Krieges Verhandlungen über die Reichsgründung geführt. Dabei musste geklärt werden, welche Rechte der deutsche Kaiser haben sollte und auf welche Rechte die Fürsten verzichten mussten. Am 18. Januar 1871 war es so weit: Der preußische König Wilhelm I. wurde im Spiegelsaal des Schlosses in Versailles zum deutschen Kaiser ausgerufen (siehe Abbildung 1).

3 *Überlegt, warum die Ausrufung Wilhelms I. zum deutschen Kaiser in Versailles und nicht z. B. in Berlin vorgenommen wurde.*

Die Verfassung von 1871

Die Freude über die Gründung des Deutschen Reiches war groß, aber von der Verfassung waren viele Demokraten enttäuscht. So fehlten in der Reichsverfasssung z. B. die Grundrechte, die die Verfassung der Frankfurter Nationalversammlung von 1849 enthielt. Und die oberste Gewalt im Reich ging nicht vom Volk, sondern von den Fürsten aus. Damit nichts gegen ihre Interessen geschehen konnte, mussten alle Gesetze, die die Abgeordneten des Volkes im Reichstag beschlossen, auch von den Vertretern der Fürsten im Bundesrat bestätigt werden. Der Kaiser war alleiniger Oberbefehlshaber der Armee und konnte im Namen des Reiches den Krieg erklären. Er ernannte den Reichskanzler. So war der nicht von den Vertretern des Volkes, sondern nur vom Vertrauen des Kaisers abhängig. Der Kaiser konnte außerdem den Reichstag einberufen oder auch auflösen.

4 *Erstellt mithilfe von Schaubild 2 und dem Verfassertext eine Tabelle mit den Rechten des Kaisers, des Reichstages und des Reichskanzlers.*

5 *Die Ausrufung des Deutschen Kaiserreiches 1871 wird auch als eine Schaffung eines Nationalstaates „von oben" beschrieben. Überlegt, was diese Formulierung bedeutet. Was wäre ein Nationalstaat „von unten"?*

Der Reichstag war ab 1871 bis 1918 das Parlament im Deutschen Kaiserreich. Das hier und auf S. 26/27 abgebildete Gebäude wurde von dem Architekten Paul Wallot 1884 bis 1894 in Berlin errichtet. Die repräsentative Gestaltung des Reichstages sollte den Stolz auf den Parlamentarismus, der Vertretung des deutschen Volkes, symbolisieren und spiegelt sich auch in der Inschrift des Portals „Dem deutschen Volke" wider. Auch heute befindet sich der Sitz des deutschen Bundestages im Gebäude des Reichstages.

1 Fotos von 1900 (groß) und 2008 (klein).

27

Deutschland über alles?

1 So könnte es gewesen sein: Bürger einer Kleinstadt erwarten auf ihrem Bahnhof den Besuch des Kaisers. Foto aus dem Spielfilm „Der Stolz der dritten Kompanie" von 1931.

Kaiserkult und Nationalismus

Mit der Reichsgründung und der Ausrufung des preußischen Königs zum Kaiser war ein lang gehegter Wunsch vieler Deutscher in Erfüllung gegangen. Endlich gab es wieder ein einiges deutsches Reich, erkämpft durch einen Sieg über Frankreich. Alle Deutschen sollten sich mit diesem Reich identifizieren können. In der Schule, beim Militär und von den Kanzeln herab wurde der Bevölkerung verkündet, dass dieser Staat mit dem Kaiser an der Spitze für das Wohl aller seiner Untertanen sorge. In vielen Städten und Dörfern wurden Kriegerdenkmäler, Denkmäler von ruhmreichen Feldherren oder Majestäten errichtet, die sich um das Vaterland verdient gemacht hatten. Bei den jährlichen Feiern zum Kaiser-

geburtstag und zum Andenken an die Schlacht von Sedan ließen die Festredner das Deutschtum hochleben. Sie erinnerten an die Größe des Reiches, auf die man stolz zu sein hatte und die es zu verteidigen galt. Viele Menschen teilten diesen Stolz, und als gute Patrioten betonten sie ihre Vaterlandsliebe. Auch in zahlreichen Arbeiterwohnungen hingen neben Porträts von Arbeiterführern auch Porträts des Kaisers oder Bismarcks.

Deutscher Anspruch auf Weltgeltung

Aus diesem Stolz auf das Deutsche Reich entwickelte sich mit der Zeit ein Überlegenheitsgefühl. Hatten nicht deutsche Truppen den Gegner vernichtend geschlagen? Hatte nicht Gott selber dem deutschen Volk geholfen (vgl. Abbildung 4)? War die deutsche Nation dadurch nicht hervorgehoben vor allen anderen Völkern? Mit diesem wachsenden Überlegenheitsgefühl verbunden war eine wachsende Feindschaft gegen alle, die man als Gegner dieses Staates ansah. Feinde waren alle „Nicht-Deutschen", die im Reich lebten, wie Polen und Juden. Und Feinde waren natürlich auch die „neidischen" Nachbarvölker, insbe-

2 Zeitschriftenreklame aus dem Jahr 1889.

Denkmäler schießen wie Pilze aus dem Boden

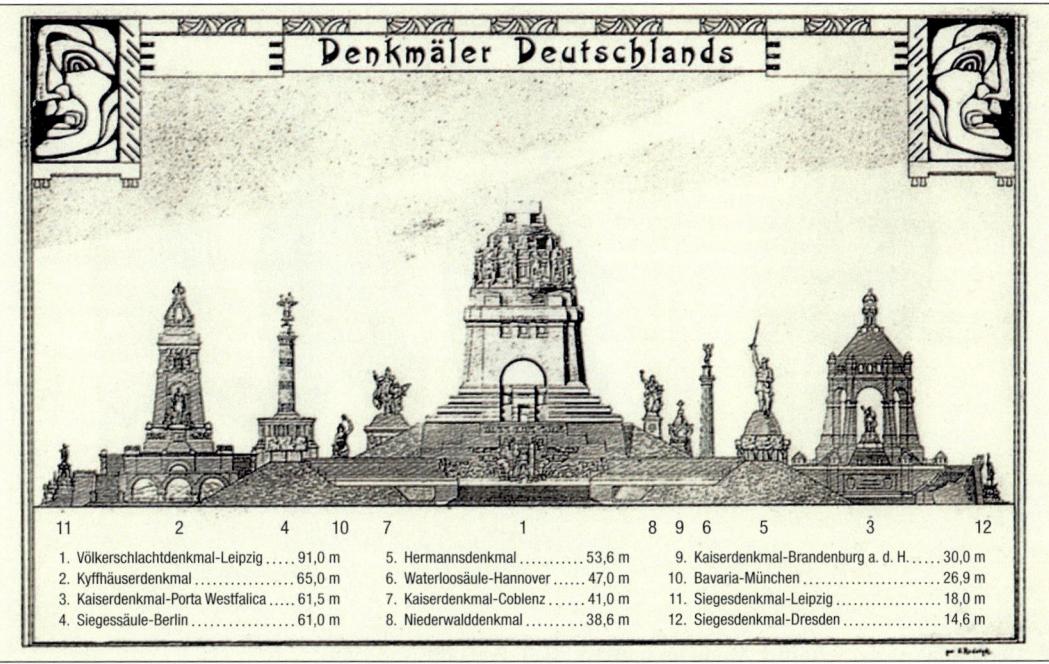

1. Völkerschlachtdenkmal-Leipzig .....91,0 m	5. Hermannsdenkmal ....53,6 m	9. Kaiserdenkmal-Brandenburg a. d. H. .....30,0 m
2. Kyffhäuserdenkmal ....65,0 m	6. Waterloosäule-Hannover ......47,0 m	10. Bavaria-München ....26,9 m
3. Kaiserdenkmal-Porta Westfalica .....61,5 m	7. Kaiserdenkmal-Coblenz ......41,0 m	11. Siegesdenkmal-Leipzig ....18,0 m
4. Siegessäule-Berlin ....61,0 m	8. Niederwalddenkmal ....38,6 m	12. Siegesdenkmal-Dresden ....14,6 m

3 **Denkmäler Deutschlands.** Postkarte um 1900.

sondere Frankreich, das angeblich nur auf Rache sann. Germania, Sinnbild für das Deutsche Reich, wurde daher jetzt nur noch mit erhobenem Schwert dargestellt. In dieser Gesinnung sang man jetzt auch das Deutschlandlied und dessen erste Zeilen: „Deutschland, Deutschland über alles, über alles in der Welt" (siehe S. 13). Das Lied war ursprünglich ein Bekenntnis zur deutschen Einheit. Jetzt aber wollten viele Deutsche damit zum Ausdruck bringen, dass dem Deutschen Reich die Weltherrschaft zustehe. Eine derartig übersteigerte nationale Gesinnung fand sich auch in anderen europäischen Staaten. Die Gefahr einer kriegerischen Auseinandersetzung trat daher immer offener zutage.

1 *Erklärt mithilfe der Abbildungen 1–4 die Begriffe Kaiserkult und Nationalismus.*

2 *Informiert euch über die in Abbildung 3 genannten Denkmäler:*
- *Findet heraus, an welches Ereignis oder an welche Person hier erinnert wird.*
- *Stellt fest, warum diese Denkmäler errichtet wurden (zur Mahnung, als Aufforderung zur Nachahmung, zur Verherrlichung usw.).*

4 **Fahne mit dem Bild der Germania aus der Zeit der Reichsgründung.** Der Text der Aufschrift lautet: „Gott war mit uns – ihm sei die Ehre."

3 *Ermittelt mithilfe des Verfassertextes, welche inneren und äußeren Feinde sich das Deutsche Kaiserreich durch sein übersteigertes Nationalgefühl machte.*

*Das **Kaiser-Wilhelm-Denkmal in Porta Westfalica-Barkhausen** wurde zwischen 1892 und 1896 zu Ehren von Kaiser Wilhelm I. erbaut. Es ist mit einer Höhe von 88 Metern eines der größten Denkmäler in Deutschland.*

Der Soldat – der schönste Mann im ganzen Staat?

Der Soldat ist der schönste Mann im ganzen Staat.

1 **Der Soldat ist der schönste Mann im ganzen Staat.** Postkarte, um 1900.

Schule im Kaiserreich. Karikatur von Th. Heine, 1910.

Katheder*:
Das zu früherer Zeit erhöhte stehende Pult des Lehrers im Klassenzimmer.

Der „höhere Mensch" in Uniform

Der Kaiser, der Adel und hohe Militärs waren das Vorbild für das Bürgertum. Für die Adligen hingegen waren selbst erfolgreiche Fabrikanten, berühmte Wissenschaftler oder angesehene Künstler nur Menschen zweiter Klasse, mit denen man nichts zu tun haben wollte. Fast alle wichtigen Ämter in der Verwaltung und vor allem beim Militär wurden mit Adligen besetzt.

In den Lebenserinnerungen eines Arztes heißt es über das Ansehen der Offiziere:

Q1 … Der Offizier bildete ganz unbestritten den ersten Stand … Ich glaube nicht, dass sich die heutige Generation noch einen Begriff von der damals fast überall herrschenden Militärfrommheit machen kann. Der Uniform kam jeder entgegen, machte jeder Platz, es war nahezu undenkbar, dass ein Leutnant sich bei irgendeinem Mädchen einen Korb holen konnte. „Mein Gott, wie kann man nur einen Leutnant töten", rief ein junges Mädchen, als es hörte, dass ein solcher im Krieg gefallen war. …

Die Armee sollte nach dem Willen des Kaisers eine Schule der Nation sein und den Wehr-

pflichtigen neben militärischen Fertigkeiten vor allem Kaisertreue, Patriotismus, Disziplin und Gehorsam vermitteln. Wie das Militär, so traten auch die Beamten, vor allem wenn sie eine Uniform trugen, den Zivilisten gegenüber hochmütig und überheblich auf. Schutzleute z. B. wollten nicht „Freund und Helfer" sein, sondern Respektspersonen, denen man sich sofort unterordnete.

Schulen als Kasernen?

Orden und Uniformen prägten das Straßenbild im Kaiserreich, und Unterordnung wurde schon den Kindern in der Schule beigebracht. Der Schriftsteller Erich Kästner schrieb:

M1 … In jener Zeit sahen alle Schulen düster aus, dunkelrot oder schwärzlich-grau, steif und unheimlich. Wahrscheinlich waren sie von denselben Baumeistern gebaut worden, die auch die Kasernen gebaut hatten. Die Schulen sahen aus wie Kinderkasernen. Warum den Baumeistern keine fröhlicheren Schulen eingefallen waren, weiß ich nicht. Vielleicht sollten uns die Fassaden, Treppen und Korridore denselben Respekt einflößen wie der Rohrstock auf dem Katheder*. Man wollte wohl schon die Kinder durch Furcht zu

Das Militär als „Schule der Nation"

2 Schule im Kaiserreich. Das Holzschulschiff Iltis im Berliner Grunewald. Spielattrappen wie diese waren den Originalen der Marine nachgebildet und sollten die Begeisterung für die deutsche Marine ebenso steigern wie die damals beliebten Matrosenanzüge und -kleider für Kinder. Foto, 1910.

Gendarmen und Schutzmänner waren häufig ehemalige gediente Unteroffiziere. Sie fühlten sich als das strenge Auge des Gesetzes, verlangten Respekt und behandelten oft jeden wie einen Rekruten auf dem Kasernenhof.

folgsamen Staatsbürgern erziehen. Durch Furcht und Angst, und das war freilich ganz verkehrt. …

Befehl und Gehorsam galten auch im Privatleben als hohe Tugenden.
So heißt es in einer heutigen Darstellung über die bürgerliche Familie im Kaiserreich:
M2 … In der „guten alten Zeit" ist … der Vater noch fast überall der Mittelpunkt, die Frau in erster Linie Hausfrau und Mutter, die sich, wie die Kinder, diesem Mann unterordnet, wie sie es vor dem Traualtar geschworen hat, die ihn umsorgt, ihm alle Wünsche von den Augen abliest, „nur für ihn da ist". … Die Erziehung der Kinder war streng und autoritär. Den Anweisungen und Wünschen des Vaters müssen alle widerspruchslos Folge leisten. Zweifel an dieser Familienordnung gibt es kaum. Wie im Staat der Kaiser, so ist in der Familie der Vater das unbestrittene Oberhaupt. …

1 Beschreibt mithilfe der Abbildungen 1–3 die Bedeutung des Militärs im Kaiserreich. Vergleicht mit der heutigen Bedeutung des Militärs in Deutschland.
2 Stellt mit M2 die Ordnung in der bürgerlichen Familie des Kaiserreichs dar. Überlegt anschließend, worin diese Ordnung wohl begründet lag.

3 Erinnerungsbild an die Militärdienstzeit. 1905.

Sozialgesetzgebung

1 Der prassende Altersrentner. Farblithografie aus dem Wochenblatt „Der wahre Jakob", 1891.

Arbeiter als „Reichsfeinde"?

Überlange Arbeitszeiten von 12 bis 14 Stunden täglich, Löhne, die zum Leben kaum ausreichten, Entlassungen bei Krankheit – all dies führte in der Arbeiterschaft zu immer größerer Unzufriedenheit. Man fühlte sich vom Staat allein gelassen und stand ihm daher immer ablehnender gegenüber.

Einige Arbeitgeber erkannten schon sehr früh die Gefahr, die dem Staat drohte, wenn sich die Arbeiter nicht mehr mit ihm identifizieren konnten. So betonte im Jahre 1880 der Industrielle Louis Baare in einer Denkschrift, dass der soziale Frieden in der Gesellschaft nur erreicht werden könne, wenn es eine gesunde und zufriedene Arbeiterschaft geben würde.

Nur ein Jahr später verlangte Kaiser Wilhelm I. die Einführung einer Sozialversicherung für alle Arbeiter.

Der Reichskanzler Bismarck warnte in einer Rede vor dem Reichstag im Jahre 1882:

Q1 ... Für die Arbeiter ist es immer eine Tatsache, dass der Armut und der Armenpflege zu verfallen gleichbedeutend ist mit Elend. Diese Unsicherheit macht ihn feindlich und misstrauisch gegen die Gesellschaft. ...

Ein Jahr später wurde die Krankenversicherung für die Arbeiter beschlossen. Weitere Versicherungen folgten:

- 1884: Unfallversicherung und Hinterbliebenfürsorge, und nach einem Streik von Bergarbeitern im Ruhrgebiet
- 1889: die Renten- und Invalidenversicherung.

Die Einführung der Rentenversicherung begründete Bismarck so:

Q2 ... Ferner erwarte ich durch das Gesetz noch eine nützliche Wirkung: Wenn wir 700 000 kleine Rentner haben, die vom Staat ihre Rente beziehen, dann werden sie Interesse für den Staat haben. Die Leute sagen: Wenn der Staat zu Schaden geht, verliere ich meine Rente. Also werden sie den Staat als eine wichtige und wohltätige Einrichtung ansehen. ...

Enttäuschte Hoffnungen

Mit diesen Gesetzen verpflichtete sich der Staat, für die soziale Absicherung der Arbeiter zu sorgen. Bismarcks Hoffnung, die Arbeiter hierdurch wieder enger an den Staat binden zu können, erfüllten sich aber nicht. Denn auch die Arbeiter sahen sich in ihren Hoffnungen getäuscht. Sie verlangten, dass in den Betrieben mehr getan werden müsse für den Arbeiterschutz. Außerdem forderten sie die Einführung des Achtstundentages, was Bismarck ablehnte. Sein Versuch, die Arbeiterschaft, die eine grundlegende Verbesserung ihrer Lebensverhältnisse anstrebte, für den Staat zu gewinnen, scheiterte, aber seine Sozialgesetzgebung hatte Bestand. Sie war der Beginn der Sozialpolitik in Deutschland bis in unsere Zeit.

1 *Nennt mithilfe von Q1 und Q2 Bismarcks Gründe für die Einführung der Sozialgesetze.*

2 *Seht euch Abbildung 2 an. – Warum ließ die Reichsregierung diese Plakate überall verbreiten?*

3 *Erkundigt euch, wie Arbeiter und Angestellte heute abgesichert sind.*

4 *Wir sprechen heute von einem „sozialen Netz" für die Bürger der Bundesrepublik Deutschland. Was ist darunter zu verstehen? – Seht euch dazu auch Abbildung 3 an. Informationen und Arbeitsmaterialien zu diesem Thema könnt ihr bestellen beim Bundesministerium für Arbeit und Soziales (www.bmas.de).*

Sozialgesetzgebung

2 **Die deutsche Sozialversicherung.** Plakat der Reichsregierung, 1913.

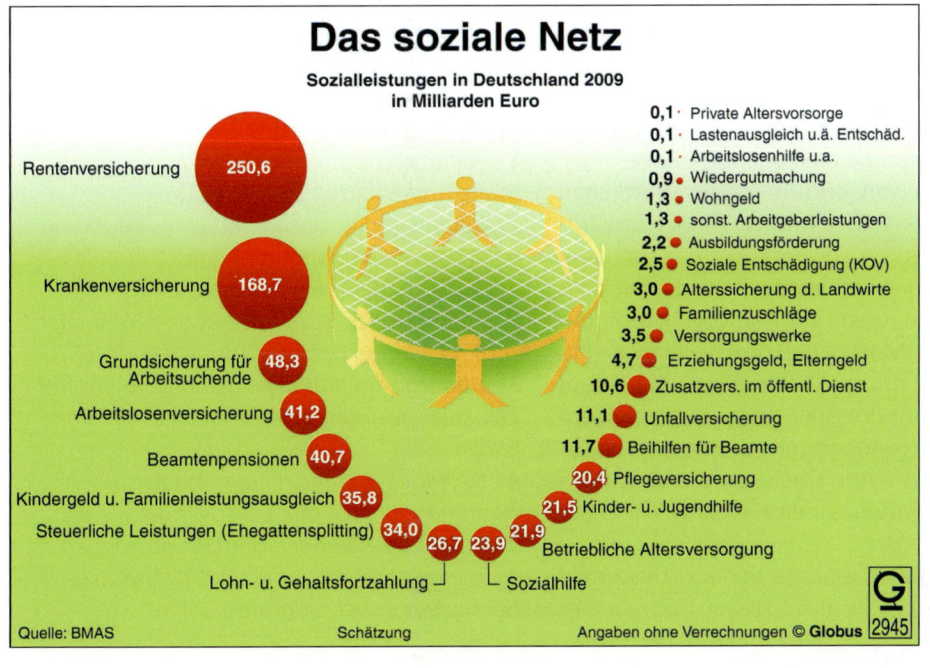

3 **Das soziale Netz.** Ausgaben für Sozialleistungen 2009.

Nationale Symbole heute

1 Bundeskanzlerin Angela Merkel hört zusammen mit dem US-Präsidenten Barack Obama die Nationalhymnen. Foto, 3.4.2009.

2 Deutsche Fans singen die Nationalhymne beim Spiel Deutschland-Polen bei der Europameisterschaft 2008. Foto, 8.6.2008.

Nationalhymne:
Feierliches Ereignis oder Provokation?

Der Empfang eines ausländischen Staatsgastes geschieht stets in feierlicher Form: Auf dem roten Teppich schreiten die Bundeskanzlerin und z. B. der ausländische Premierminister die Ehrenfront des Wachbataillons ab; die Nationalfahnen sind gehisst, und die Nationalhymnen beider Länder werden gespielt.

Nationale Symbole begegnen uns aber nicht nur bei feierlichen Staatsanlässen. An bestimmten Feiertagen wird die deutsche Flagge an allen öffentlichen Gebäuden aufgezogen, viele Autos haben entsprechende Aufkleber, und bei zahlreichen internationalen Sportereignissen spielen sie eine wichtige Rolle.

Gerade ihre Verwendung bei sportlichen Wettkämpfen ist aber immer wieder umstritten. Häufig stimmen bestimmte Zuschauer z. B. vor Fußball-Länderspielen ein gellendes Pfeifkonzert an, wenn die Nationalhymne der gegnerischen Mannschaft gespielt wird. Offensichtlich benutzen diese „Fans" die Nationalhymne nur, um die gegnerische Mannschaft und ihre Anhänger zu provozieren. Es wurde deshalb schon überlegt, das Abspielen der Nationalhymen vor einem Länderspiel abzuschaffen.

In einem Interview erklärte der Sporthistoriker Karl Lennartz, warum er gegen ein solches Verbot ist:

Q1 … Die Hymne ist eine feierliche Einstimmung auf ein Großereignis, die auch auf einen fairen sportlichen Wettkampf zweier befreundeter Nationen hinweist. Sie stiftet Identifikation und weist auf das Land hin, das man vertritt.

Englische Fans zum Beispiel singen ihre Nationalhymne während und nach dem Spiel – auch wenn sie verloren haben. Das heißt also, wir halten weiter zusammen. …

Diese Verbundenheit mit ihrem Land zeigen manche Sportler auch, indem sie die rechte Hand aufs Herz legen, wenn die Nationalhymne gespielt wird.

1 *Nennt die Motive der Bilder in der Randspalte und ermittelt ihre Bedeutung.*

2 *Besprecht gemeinsam, ob eurer Erfahrung nach die Verwendung nationaler Symbole wie der Nationalhymne oder Nationalfahne eher zur Identifikation mit dem eigenen Land oder zur Provokation der gegnerischen Fans führt.*

3 *Überlegt, ob nationale Symbole in unserer Zeit eines geeinten Europas noch einen Sinn haben.*

4 *Erstellt eine Wandzeitung mit Beispielen, wann nationale Symbole verwendet werden und wie die Reaktionen darauf sein können (z. B. man steht dazu auf, legt die Hand aufs Herz, pfeift dabei, singt mit …).*

Zusammenfassung

Enttäuschte Hoffnungen

Die Beschlüsse des Wiener Kongresses waren für viele Menschen in Deutschland enttäuschend. Vor allem die Studenten zeigten ihre Unzufriedenheit mit den politischen Verhältnissen. Auf dem Wartburgfest 1817 forderten sie einen einheitlichen deutschen Staat und Freiheit. Von den Fürsten wurden sie dafür verfolgt und häufig zu harten Gefängnisstrafen verurteilt. Die Burschenschaften wurden verboten.

Revolution und Gegenrevolution 1848/49

Dennoch wehrten sich die Bürger auch weiterhin. Die Unzufriedenheit mit der Fürstenherrschaft führte schließlich im Jahre 1848/1849 in fast allen Ländern zu Revolutionen. Unter dem Druck der Revolution mussten die bisherigen Regierungen vieler deutscher Staaten zurücktreten. Es kam überall in Deutschland zu allgemeinen und geheimen Wahlen zur Nationalversammlung, die in Frankfurt tagte. Sie erarbeitete die erste gemeinsame deutsche Verfassung.

Dem preußischen König Friedrich Wilhelm IV. wurde die Kaiserkrone angeboten, doch er lehnte sie ab. Noch im gleichen Jahr ließ Friedrich Wilhelm IV. Berlin durch Soldaten besetzen und die preußische Nationalversammlung auflösen. Wie in Berlin, so wurden überall in den deutschen Staaten die Aufstände vor allem mit Hilfe preußischer Truppen niedergeschlagen. Viele Menschen mussten ins Ausland fliehen.

Das Kaiserreich

In Preußen wurde 1862 Otto von Bismarck Ministerpräsident. Mit dem Sieg über Österreich wurde Preußen zur stärksten Macht der deutschen Staaten. Der Aufstieg Preußens zu einer bedeutenden Militärmacht beunruhigte Frankreich, das im Jahre 1870 den Krieg erklärte, aber schon im Januar 1871 kapitulieren musste. Wenige Tage später wurde das Deutsche Reich gegründet und der preußische König Wilhelm I. zum deutschen Kaiser ausgerufen.

Mit der Reichsgründung entwickelte sich ein Nationalstolz in Deutschland: Man bewunderte das Militär, die Orden und Uniformen. Unterordnung und Gehorsam wurde für die meisten Bürger zu einer selbstverständlichen Pflicht. So wurden sie zu „Untertanen".

1848

Die Revolution in Frankreich breitet sich über ganz Europa aus.

28. April 1849

Der preußische König lehnt die Kaiserkrone ab. Die alten Mächte erobern ihre Machtposition zurück.

1871

Gründung des Deutschen Reiches.

1871–1918

In der Kaiserzeit entwickelt sich ein gesteigerter Nationalismus und die Verehrung alles Militärischen.

Arbeitsbegriffe

- ✓ Wiener Kongress 1815
- ✓ Restauration
- ✓ Wartburgfest
- ✓ Karlsbader Beschlüsse
- ✓ Hambacher Fest
- ✓ Zeit des Biedermeier
- ✓ Nationalismus
- ✓ Liberalismus
- ✓ Revolutionen 1848/1849
- ✓ Paulskirche
- ✓ Reichsgründung 1871

Was wisst ihr noch?

1 Nennt wichtige Beschlüsse des Wiener Kongresses.

2 Wer feierte und warum das Wartburgfest?

3 Was bedeutet Pressefreiheit und was ist Zensur?

4 Berichtet über die Revolution von 1848/49.

5 Nennt Gründe für das Scheitern der Revolution.

6 Erklärt, wie es zur Gründung des Deutschen Reiches kam und welche Rolle Otto von Bismarck dabei spielte.

7 Wie zeigte sich der Nationalismus im Deutschen Reich?

Tipps zum Weiterlesen

Gabriele Beyerlein: In Berlin vielleicht. Thienemann, Stuttgart 2005.

Willi Fährmann: Es geschah im Nachbarhaus. Geschichte eines Verdachtes. Arena, Würzburg 2008.

Elke Hermannsdörfer: Lina Kasunke. dtv junior, München 1989.

Erich Kästner: Als ich ein kleiner Junge war. dtv, München 2003.

Carlo Ross: Nur Gedanken sind frei. Arena, Würzburg 1992.

Martin Selber: Ich bin ein kleiner König. Rowohlt, Reinbek 1991.

Ursula Wölfel: Jacob unterwegs. Bertelsmann, München 2004.

1 Bilder sind Geschichtsquellen. Mit ihnen lässt sich die deutsche Geschichte von 1817–1871 gut erläutern. – Berichtet den Verlauf der deutschen Geschichte zwischen den auf Bild 1 und 2 dargestellten Ereignissen.

2 Schreibt den folgenden Text in euer Heft ab und ergänzt die Lücken mit den folgenden Wörtern:

 = kapitulierte – Volk – Fürstentümer – Norddeutschen – mächtiger – Reichsstädte – einheitliches – Bund – Rivalen – Führungs – Gefangenschaft – Königgrätz – Gelegenheit – Truppen – preußische – Versailles

Im Jahr 1815 hatten sich 35 ✎ und 4 freie ✎ zum Deutschen ✎ zusammengeschlossen, darunter die großen Einzelstaaten Preußen und Österreich. Jetzt stellte sich die Frage: Wer war ✎? Schließlich kam es zu einer Entscheidungsschlacht zwischen den beiden ✎. In der Schlacht bei ✎ wurden die österreichischen ✎ besiegt. Nun wurde Preußen ✎-macht und gründete den ✎ Bund. Wenige Jahre später kam es zum Krieg gegen Frankreich. Frankreich ✎ 1871, der Kaiser Napoleon III. geriet in ✎. Bismarck nutzte die ✎: Im Spiegelsaal von ✎ wurde das Deutsche Reich ausgerufen und der ✎ König Wilhelm I. zum Kaiser erklärt. Das deutsche ✎ freute sich darüber, denn es hatte sich schon lange ein ✎ Deutsches Reich gewünscht.

2. Die industrielle Revolution

1700

1769

1835

INDUSTRIALISIERUNG
IN ENGLAND BEGINNT

ERFINDUNG DER
DAMPFMASCHINE

ERSTE EISENBAHN-
FAHRT
NÜRNBERG–FÜRTH

Der Siegeszug neuer Techniken und Maschinen, der Fabrikarbeit und der industriellen Massenproduktion veränderte im 19. Jahrhundert den Alltag, das Denken und Handeln der Menschen in Europa. Es entstanden neue soziale Gruppen und Probleme: Fabrikbesitzer, Angestellte und vor allem Arbeiter, die oft unter unmenschlichen Bedingungen in den Fabriken arbeiten und in den Städten leben mussten. Auf den folgenden Seiten könnt ihr erfahren, wie diese Umwälzungen in England begannen und schließlich Europa erfassten – mit all ihren positiven wie negativen Folgen für das Leben der Menschen.

1848/49　　　　　　　**1875**　　　　　　　**1883–1889**

ERSTE
GEWERKSCHAFTEN

GRÜNDUNG DER
SOZIALDEMOKRATISCHEN
PARTEI

SOZIAL-
GESETZGEBUNG

Anfänge der industriellen Produktion

1 **Heimarbeiterinnen in England um 1770.** Wolle wird zu Garn verarbeitet. Die Fäden werden zunächst auf dem Spinnrad gesponnen und dann auf eine Garnwinde gewickelt. Buchillustration.

Jethro Tull (1674–1741).

Die Sämaschine, die Jethro Tull im Jahr 1701 erfand.

Die Revolution begann in England

Im Jahr 1845 beschrieb Friedrich Engels, ein deutscher Fabrikant, in seinem Buch über „Die Lage der arbeitenden Klasse in England" seine Eindrücke von einer Reise nach England:

Q1 … Vor 60/80 Jahren ein Land wie alle anderen, mit kleinen Städten, wenig und einfacher Industrie und einer verhältnismäßig großen Ackerbaubevölkerung. Und jetzt: Ein Land wie kein anderes, mit einer Hauptstadt von dreieinhalb Millionen Einwohnern, mit großen Fabrikstädten, mit einer Industrie, die die ganze Welt versorgt und die fast alles mit den kompliziertesten Maschinen macht, mit einer fleißigen, intelligenten Bevölkerung, von der zwei Drittel von der Industrie in Anspruch genommen werden und die aus ganz anderen Klassen besteht, ja, die eine ganz andere Nation mit anderen Sitten und Bedürfnissen bildet als damals. …

1 *Informiert euch in einem Lexikon und im Internet über das Leben von Friedrich Engels und verfasst einen Bericht darüber.*
2 *Beschreibt, welche Veränderungen Engels in England beobachtet hat (Q1).*

3 *Erläutert, warum man die Entwicklung, die Engels in Q1 beschreibt, als eine „Revolution" bezeichnen kann.*

Voraussetzungen der industriellen Revolution

Wie hatte es zu diesen raschen Veränderungen kommen können und warum gerade in England? Auf diese Frage gibt es mehrere Antworten, nämlich:

– Eine wichtige Voraussetzung war die Steigerung der Ernteerträge durch bessere Anbaumethoden und neue Maschinen. So erfand z. B. der Engländer Jethro Tull im Jahr 1701 die Sämaschine, mit der die Körner gleichmäßig in die Erde gesät werden konnten.

– Neue Früchte- und Gemüsesorten aus Nordamerika wie die Kartoffel, aber auch Tomaten und Erbsen ergänzten die Versorgungsmöglichkeiten. Bessere Ernährung sowie ein höheres Maß an Sauberkeit und Hygiene in den Haushalten führten zu einem Bevölkerungsanstieg. Zwischen 1700 und 1850 nahm in England die Bevölkerung um das Dreifache zu.

Anfänge der industriellen Produktion

2 **Die „Spinning Jenny" von 1764.** – Drehte man das Rad, zogen und drehten die Spindeln die Wolle automatisch zu Fäden. Ein Mensch konnte daran so viel Garn spinnen wie acht Leute mit herkömmlichen Spinnrädern. Buchillustration.

– Je mehr Menschen es gab, desto größer wurde der Bedarf an Kleidung aller Art, vor allem an preisgünstigen Stoffen. Die Garnproduktion der etwa 700 000 Heimarbeiterinnen (siehe Abbildung 1) reichte jetzt nicht mehr aus.

– Wegen der großen Nachfrage nach preisgünstigen Stoffen suchten Großhändler und Unternehmer nach technischen Möglichkeiten, die Produktion zu erhöhen und gleichzeitig preiswerte Waren zu produzieren.

– Technische Erfindungen und die notwendigen Industriebauten kosteten viel Geld. Doch daran herrschte kein Mangel, denn Kaufleute und Adlige hatten im Übersee- und Sklavenhandel große Reichtümer erworben und konnten die Arbeiten von Technikern und Ingenieuren finanzieren.

Innerhalb von nur einer Generation veränderte sich so in England die Arbeitswelt: Von der Heimarbeit, die auch nur in der „Freizeit" ausgeübt werden konnte, kam es jetzt zur Vollarbeitszeit in großen Fabriken* mit oft mehreren Hundert Arbeitern und Arbeiterinnen.

4 *Erklärt mit eigenen Worten, warum es zunächst in England zur industriellen Revolution kam. Berücksichtigt dabei die Abbildungen 1 und 2.*

Die „Spinning Jenny"

Im Jahr 1761 schrieb die „Gesellschaft zur Förderung des Handwerks und der Manufakturen*" einen Wettbewerb aus. Eine große Summe Geld sollte derjenige erhalten, dem die Erfindung einer Maschine gelänge, „die sechs Fäden Wolle, Flachs, Hanf oder Baumwolle gleichzeitig spinnt, sodass nur eine Person zur Bedienung nötig ist".

Den Preis gewann schließlich James Hargreaves (1721–1778). Im Jahr 1764 stellte er seine Maschine, die er nach seiner Tochter „Spinning Jenny" nannte, der Öffentlichkeit vor. Mit dem Preisgeld richtete er sich eine kleine Werkstatt ein, die von aufgebrachten Webern und Spinnern der Umgebung jedoch schon bald gewaltsam zerstört wurde.

5 *Die Weber und Spinner rotten sich zusammen, um das Haus von Hargreaves zu überfallen. – Notiert in euer Geschichtsheft, was sie gesagt haben könnten.*

Manufaktur*:
Vorindustrieller Großbetrieb, in dem Waren serienweise in Arbeitsteilung, aber doch im Wesentlichen in Handarbeit hergestellt wurden.

Fabrik*
(lat. fabrica = Werkstätte): Großbetrieb mit oft mehreren Hundert Arbeitern und Arbeiterinnen und maschineller Fertigung von Erzeugnissen. Der Aufstieg der Fabriken und der Niedergang des Heimgewerbes begann in England mit der Erfindung der „Spinning Jenny". Die bisherigen Heimarbeiter wurden nun zu Lohnarbeitern in den Fabriken.

„Mit Volldampf in die Zukunft"

1 **Die von James Watt 1769 konstruierte Dampfmaschine.** Rekonstruktionszeichnung.

James Watt (1736–1819). Gemälde, 1792.

Abschied vom Webstuhl

Mit den neuen Spinnmaschinen, die zudem ständig verbessert wurden, gab es Garn im Überfluss. Die Webereibesitzer verlangten daher nach leistungsfähigeren Webstühlen, um das Garn auch verarbeiten zu können. Edmund Cartwright (1743–1823), ein Landfarrer, war es schließlich, der im Jahr 1785 die ersten mechanischen Webstühle konstruierte. Bald schon wurden diese Webstühle von Dampfmaschinen angetrieben.

Dampfmaschinen gab es schon seit 1698, aber sie brachten nur geringe Leistung bei gleichzeitig sehr hohem Energieverbrauch. Den Durchbruch schaffte erst James Watt im Jahr 1769 mit einer Dampfmaschine, die die zehnfache Leistung eines Pferdes erbrachte (10 PS = 10 Pferdestärken). Im Jahr 1810 gab es allein in England schon über 5000 Dampfmaschinen. In den Bergwerken wurden sie zur Förderung der Kohle eingesetzt. Sie standen in Wasserwerken, trieben Mühlen an und auf den Feldern zogen sie die schweren Stahlpflüge. Dampfmaschinen wurden in der Landwirtschaft eingesetzt und sie trieben Spinn- und Webmaschinen an.

Für die ländlichen Textilarbeiter und -arbeiterinnen entstand durch die Fabriken eine mächtige Konkurrenz. Wie sich der Konkurrenzkampf über die Jahre entwickelte, zeigt die folgende Tabelle:

	Kraftgetriebene Webstühle	Ländliche Weber
1810	–	250000
1813	2400	–
1820	14150	250000
1829	55500	–
1833	100000	–
1850	250000	40000
1860	–	3000

(– = keine Angaben vorhanden)

1 *Beschreibt die Entwicklung im Textilgewerbe, die in der Tabelle zum Ausdruck kommt. Stellt die Zahlenangaben zeichnerisch dar.*
2 *Sucht nach Gründen für diese Entwicklung.*

Dampf in Bewegung

Die ersten Dampfmaschinen waren noch so schwer, dass man sie nicht von der Stelle bewegen konnte. 1769 baute der Franzose Nicholas Cugnot einen beweglichen Dampfwagen, dessen Wasser- und Brennstoffvorräte allerdings nur für eine Fahrt von 15 Minuten ausreichte. Nachdem der Wagen an einer Mauer zerschellte, wurde dieses Projekt nicht weiter verfolgt. Englische Techniker bauten

„Mit Volldampf in die Zukunft"

2 Dampfgetriebene Pflüge konnten auf großen, ebenen Feldern am besten eingesetzt werden. Rekonstruktionszeichnung.

George Stephenson
baute seine erste Dampflokomotive 1814. Das Nachfolgemodell, die Rocket, war mit einer Höchstgeschwindigkeit von 47 km/h als erstes Fahrzeug schneller als ein Pferd.

leistungsfähigere Dampffahrzeuge, scheiterten aber an dem entschiedenen Widerstand von Fuhrunternehmern, Hufschmieden, Sattlern* und Besitzern von Pferdestationen. Als es auch noch zu einigen Verkehrsunfällen kam, erließ das englische Parlament 1836 das „Anti-Dampfwagen-Gesetz". Die „pferdelosen mechanischen Wagen" durften nicht schneller als vier englische Meilen in der Stunde fahren. Außerdem musste 100 Meter vor jedem Dampfwagen ein Mann vorausgehen und durch das Schwenken einer roten Fahne die Fußgänger und Pferdefuhrwerke vor der „Gefahr" warnen. Dieses Gesetz war bis 1895 in Kraft und verhinderte die Weiterentwicklung der Straßenfahrzeuge.

Umso erfolgreicher waren die Dampflokomotiven des englischen Konstrukteurs George Stephenson (1781–1848). Im Jahr 1825 wurde die erste Bahnlinie der Welt eröffnet zwischen den Bergwerken in Darlington und der Hafenstadt Stockton-on-Tees. Für die 15 km lange Strecke brauchte die Lokomotive mit 34 Wagen insgesamt 65 Minuten.

Wie keine andere Erfindung dieser Zeit hat die Dampflokomotive die Welt verändert. Men-

schen und ungeheure Warenmengen konnten jetzt in kürzerer Zeit große Strecken überwinden, Rohstoffe konnten in die Industriezentren gebracht und die Bevölkerung in den Großstädten jederzeit mit Lebensmitteln ausreichend versorgt werden.

Der Dampfmaschine folgten im 19. Jahrhundert noch zahlreiche andere bedeutende Erfindungen und Entdeckungen:

> Benz · Edison · Fulton · Daimler · Koch · Liebig · Otto · Pasteur · Siemens · Stephenson · Daguerre · Watt

> Glühbirne · Bekämpfung der Cholera · Entdeckung der Bakterien · erstes Automobil · Dynamo · Viertaktmotor · Kunstdünger · Benzinmotor · Dampfmaschine · Fotografie · Lokomotive · Dampfschiff

3 *Ordnet den Personen die jeweilige Erfindung bzw. Entdeckung zu. Nehmt ein Lexikon oder das Internet zuhilfe.*

Sattler:*
Der Sattler stellt Gegenstände zur Verwendung im Umgang mit Tieren her, wie Sättel, Zaumzeug oder anderes Fahrgeschirr.

Eine Baumwollfabrik

Die Textilindustrie wurde durch die Einführung von Maschinen, die mit Wasser- und Dampfkraft angetrieben wurden, völlig umgestaltet. In dieser Fabrik Anfang des 19. Jahrhunderts wurde die Baumwolle zuerst gekämmt, um die Fasern zu strecken. Die Baumwollfasern wurden dann mit einer Spinnmaschine zu Fäden zusammengedreht und auf Spulen gewickelt. Der Antrieb aller Maschinen erfolgte zentral über ein riesiges Wasserrad und ein System von Zahnrädern und

Oftmals mussten Kinder, da sie klein und gelenkig waren, unter die surrenden Spinnmaschinen kriechen und gerissene Fäden knoten. Kein Wunder, dass sie oft schwer und manchmal sogar tödlich verunglückten.

Wellen, die viele Gefahren für die Arbeiter bargen. Breite, lange Treibriemen und Räder, die sich schnell drehten, waren überall in der Fabrik zu finden, aber keine der Maschinen hatte trotz dieser zahlreichen beweglichen Teile Schutzschilde oder Sicherheitsbremsen.

Weitere Informationen findet ihr in dem Buch von Andrew Langley: Die Entwicklung der Industrie. Karl Müller Verlag, Erlangen 1994.

1 Wasserrad
2 Schulzimmer
3 Spinnmaschinen
4 Kämmmaschinen
5 Spul- und Wickelmaschinen
6 Welle

Eisen und Kohle

Zwischen 1770 und 1860 stieg die Kohleproduktion in Großbritannien von sechs auf 66 Millionen Tonnen. Kohle war als Brennstoff unerlässlich für den Betrieb der Dampfmaschinen und für die Eisengewinnung. Und ohne Eisen (später Stahl) hätte es z. B. keine Eisenbahnschienen, keine Ozeandampfer und keine Werkzeugmaschinen gegeben. Mit der steigenden Nachfrage brachten die Kohlenbergwerke ihren Eigentümern hohe Gewinne; denjenigen aber, die in den Bergwerken arbeiten mussten, brachten sie nur Elend, Krankheit und oft sogar den Tod.

2 Hüttenarbeiter schieben einen glühend heißen Barren unter den Dampfhammer.

1 Kinderarbeit in einem englischen Steinkohlenbergwerk. Lithografie, 1884.

Gefahren im Bergwerk

Zuerst wurde Kohle im Tagebau gefördert, aber später musste tiefer gegraben werden. Man legte senkrechte Schächte an, von denen aus dann seitwärts waagerechte Stollen in die Kohleflöze getrieben wurden. Je tiefer die Schächte und Stollen ins Erdinnere reichten, umso häufiger kam es vor, dass sich Wasser darin ansammelte.

Viele der Bergleute mussten ihre ganze Schicht lang im Wasser stehend arbeiten. Erst Anfang des 18. Jahrhunderts wurde das Wasser abgepumpt.

Viele andere Gefahren lauerten auf die Kumpel. Gase aus dem Erdinneren konnten sich entzünden und zu Explosionen führen, Schächte und Stollen einstürzen. Der Kohlestaub führte bei den Bergarbeitern zu Asthma- und Lungenkrankheiten. Die Arbeit selbst war hart, lang und schlecht bezahlt.

3 Ein Pferd wird in einem speziellen Geschirr in den Schacht hinuntergelassen. Grubenpferde zogen die Loren über die Gleise in den Stollen.

Folgen der Industrialisierung in England

1 **Häuser mit separaten Kellerwohnungen in Merthyr Tydfil (Wales).** Zeitgenössische Darstellung.

*In den **Abwasser-kanälen** der eng-lischen Großstädte wimmelte es von Ratten. Manche Männer verdienten sich damit ihren Le-bensunterhalt, diese Ratten zu fangen. Gelegentlich verkauf-ten sie lebendige Rat-ten an Leute, die mit ihren Hunden Jagd darauf machten.*

Die Lage der Arbeiter

Um 1700 lebten in England 85 Prozent der Bevölkerung auf dem Land, etwa 150 Jahre später nur noch 40 Prozent. Millionen Menschen waren in dieser Zeit vom Land in die Städte abgewandert. Die Mechanisierung in der Landwirtschaft hatte sie arbeitslos gemacht. In den Industriestandorten versuchten sie jetzt als ungelernte Arbeiter ihren Lebensunterhalt zu verdienen. Ihre Unterkünfte waren klein, dunkel und feucht. Diese Bedingungen verursachen Krankheiten wie Rheuma und Gicht und sie gehörten zum damaligen Alltag. Der Verdienst war schlecht, denn es gab genügend Menschen, die bereit waren, auch für einen geringen Lohn zwölf Stunden und mehr am Tag zu arbeiten. Frauen und Kinder mussten ebenfalls arbeiten. War die Auftragslage des Unternehmers schlecht, wurden die Arbeiter sofort entlassen. Eine Arbeitslosenunterstützung gab es nicht.

In einem Bericht des Ingenieurs Max Eyth aus dem Jahr 1861 heißt es:

Q1 … Was die Industrie Gutes und Böses leistet, lernt man in Manchester kennen. Den Hauptreichtum des Bezirks erzeugen die Millionen Spindeln seiner Baumwollindustrie. Reichtum! Nirgends in England habe ich bis jetzt eine so bleiche, kranke, von Elend und Unglück angefressene Bevölkerung gesehen, wie sie hier aus den niederen, rauchigen Häusern herausgrinst oder auf den engen, staubigen Gassen der ärmeren Viertel herumliegt …! Töricht wäre es trotzdem, der Industrie einen Vorwurf daraus zu machen. Sie ist und bleibt das einzige Mittel, die 500 000 Menschen hier, die Millionen in England auch nur auf dieser Stufe des Lebens zu erhalten. Nicht die Industrie hat das Hässliche geschaffen, das ihr anhaftet …

1 *Sprecht über den Bericht von Max Eyth. – Was müsste sich nach eurer Meinung ändern, damit sich die Arbeiter „aus diesem Schmutz herausarbeiten" können?*
2 *Vergleicht diesen Bericht mit jenem von Friedrich Engels (S. 40, Q1).*

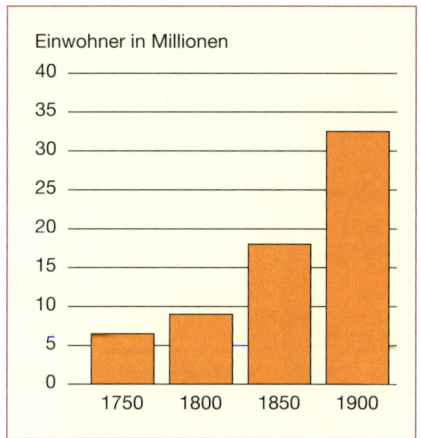

1 **Bevölkerungswachstum in England und Wales 1750–1900.** Säulendiagramm.

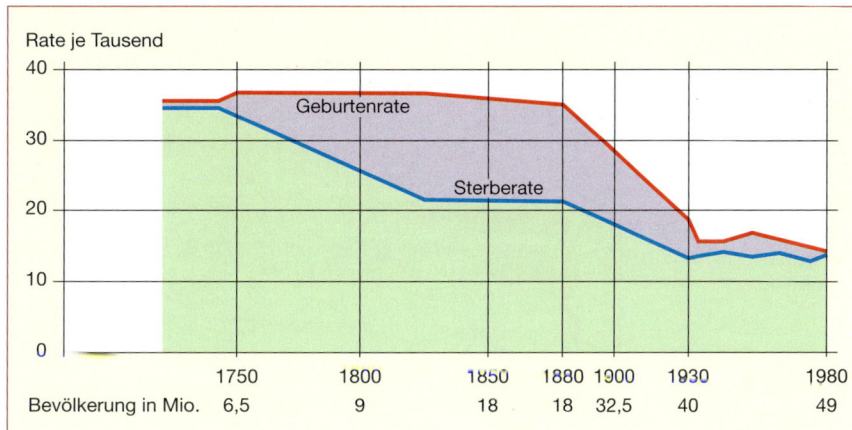

| Bevölkerung in Mio. | 6,5 | 9 | 18 | 18 | 32,5 | 40 | 49 |

2 **Geburten- und Sterberate in England und Wales 1750–1980.** Kurvendiagramm.

Immer wieder arbeiten wir im Geschichtsunterricht mit Statistiken und Grafiken. Sie sollen uns helfen, historische Entwicklungen darzustellen und zu vergleichen. Wie das funktioniert und was dabei zu beachten ist, könnt ihr hier am Beispiel der Bevölkerungsentwicklung in Europa erarbeiten.

In Europa lebten um das Jahr 1750 etwa 140 Millionen Menschen. Um 1900 waren es bereits 450 Millionen, d.h. in nur 150 Jahren hatte sich die Bevölkerung Europas mehr als verdreifacht. Ein derartig rasches Bevölkerungswachstum war etwas völlig Neues. Wir sprechen daher von einer Bevölkerungsexplosion.

Das erste Land, in dem sich dieser Bevölkerungswandel vollzog, war England (siehe Grafik 1). Es gab für diese Entwicklung vor allem zwei Ursachen:

– Infolge der verbesserten medizinischen Versorgung und der höheren Ernteerträge durch den Einsatz von Landmaschinen ging in England seit 1750 die Sterblichkeit stark zurück.

– Die Geburtenrate aber blieb weiterhin gleich hoch (vgl. Grafik 2). Man kann diese Entwicklung in England und Wales aufzeigen, indem man für jedes Jahr seit 1750 genaue Angaben macht über die Geburten- und Todesfälle sowie die Bevölkerungszahl insgesamt – das wäre dann eine Statistik. Besonders übersichtlich wäre dies aber nicht. Viel anschaulicher ist eine zeichnerische Darstellung, eine Grafik. Es gibt aber ganz unterschiedliche Grafiken.

Das **Säulendiagramm** (Grafik 1) zeigt uns einen ganz bestimmten Zustand zu einem bestimmten Zeitpunkt.

Das **Kurvendiagramm** (Grafik 2) gibt hingegen eine Entwicklung wieder. Das ist z. B. wichtig, wenn man die Entwicklung in England mit jener in Deutschland vergleichen möchte (siehe Tabelle 3).

Seit 1800 ging die Sterblichkeit in Deutschland fast gleichmäßig von 28 pro 1000 Einwohner auf 16 pro 1000 Einwohner im Jahr 1900 zurück. Die Geburtenrate sank im gleichen Zeitraum von 40 auf 27 je Jahr und 1000 Einwohner.

Jahr	Bevölkerungszahl
1750	20 Millionen
1800	23 Millionen
1850	35 Millionen
1900	56 Millionen

3 **Bevölkerungsentwicklung in Deutschland 1750–1900.** Statistik.

1 *Tragt die Angaben zur Bevölkerungsentwicklung in Deutschland in ein Säulendiagramm ein.*

2 *Fertigt mithilfe der Angaben zu der Geburtenrate und der Sterberate ein Kurvendiagramm an.*

3 *Vergleicht euer Ergebnis mit den Grafiken 1 und 2. Gibt es Unterschiede? Wie sind sie zu erklären?*

4 *Versucht selbst eine Grafik zu erstellen. Ein Beispiel: die Bevölkerungsentwicklung in eurem Wohn- oder Schulbezirk zwischen 1750 und 1900. Besorgt euch die entsprechenden Angaben im Rathaus und erstellt mit ihrer Hilfe ein Säulendiagramm und ein Kurvendiagramm.*

– *Welchen Unterschied stellt ihr zur Entwicklung in England fest?*

– *Welche Fragen ergeben sich daraus?*

Industrielle Revolution in Deutschland

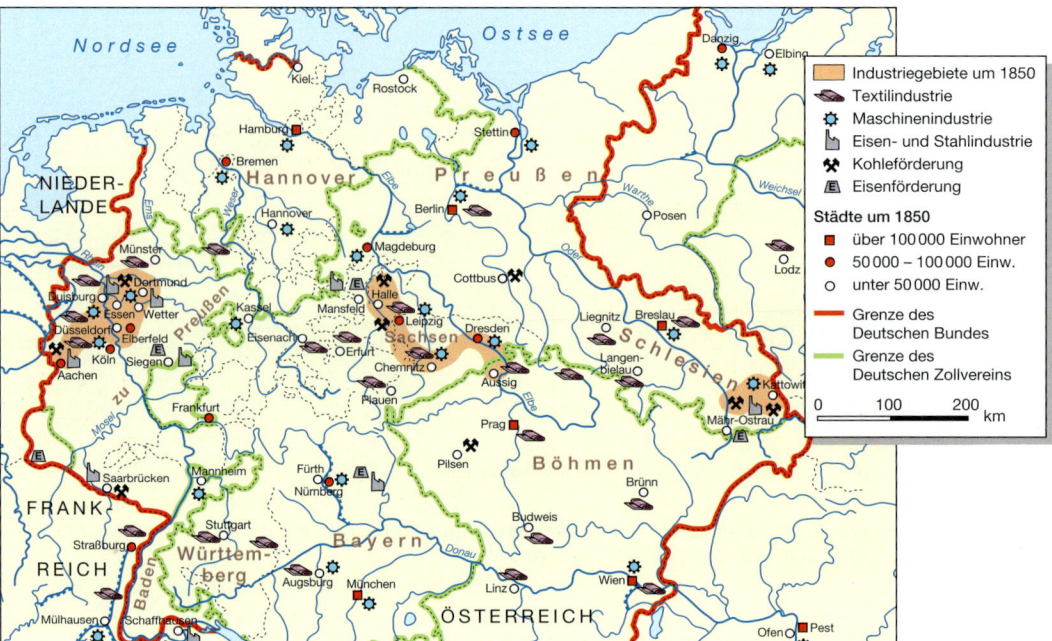

1 Industrialisierung in Deutschland um 1850.

1833/34:
Gründung des Deutschen Zollvereins.

Um 1840:
Beginn der industriellen Revolution in Deutschland.

*Der Wirtschaftswissenschaftler **Friedrich List** (1789–1846) war ein wichtiger Vorkämpfer der deutschen Eisenbahnen und des Zollvereins.*

Deutschland – ein rückständiges Land?

Die industrielle Revolution begann in Deutschland erst spät. Es besaß im Unterschied zu England keine Kolonien, die billig Rohstoffe liefern konnten. Im Deutschen Bund (deutsche Staaten und Österreich) mit seinen zahlreichen Kleinstaaten verhinderten die zahllosen Zölle, die unterschiedlichen Währungen und Gewichte die Entstehung eines großen einheitlichen Wirtschaftsraums.

Im Jahr 1819 klagte der Wirtschaftswissenschaftler Friedrich List:

Q1 … Um von Hamburg nach Österreich, von Berlin in die Schweiz zu handeln, hat man zehn Staaten zu durchschneiden, zehn Zollordnungen zu studieren, zehnmal Durchgangszoll zu bezahlen. Trostlos ist dieser Zustand für Männer, welche wirken und handeln möchten. …

Nur 15 Jahre später waren diese Hindernisse beseitigt: In der Nacht zum 1. Januar 1834 fielen in fast allen deutschen Staaten die Zollschranken. Um Mitternacht setzten sich die wartenden Wagen der Kaufleute unter dem Jubel der Bevölkerung in Bewegung. Diesen Fortschritt für die Kaufleute und Reisenden hatte die Regierung von Preußen in langen Verhandlungen mit den anderen deutschen Staaten erreicht. Unter preußischer Führung schlossen sich in den Jahren 1833/34 fast alle deutschen Länder zu einem „Deutschen Zollverein" zusammen. Der Vertrag enthielt zwei weitere wichtige Bestimmungen:

– Die Regierungen führten ein gleiches Münz-, Maß- und Gewichtssystem in ihren Ländern ein.
– Jeder Einwohner des Gebietes des Deutschen Zollvereins durfte sich in jedem Staat des Zollvereins Arbeit suchen.

1 *Erklärt die Behauptung: „Die wirtschaftlichen Erfordernisse förderten im 19. Jahrhundert die deutsche Einheit."*

Die Eisenbahn – Motor der Industrialisierung

Nur knapp zwei Jahre nach der Gründung des Deutschen Zollvereins fuhr „Deutschlands erste Eisenbahn mit Dampf" am 7. Dezember 1835 die sechs Kilometer lange Strecke

„Mit Volldampf hinterher"

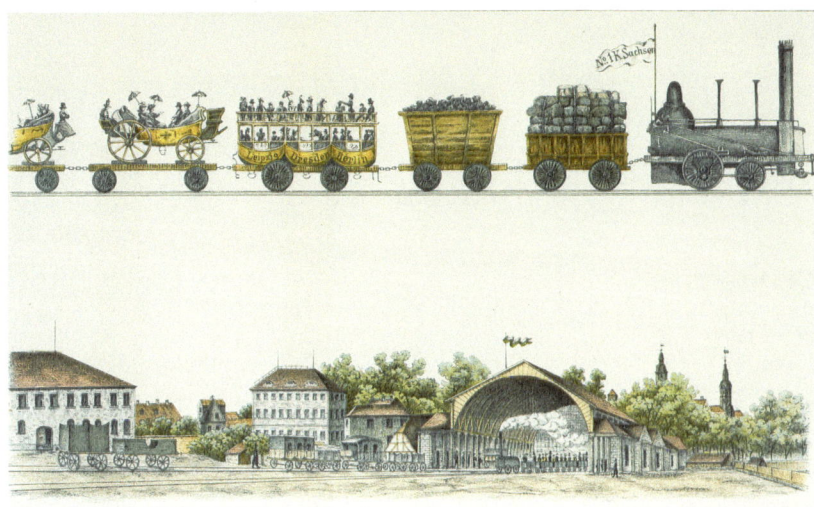

von Nürnberg nach Fürth. Drei Jahre später wurde die Linie Potsdam–Berlin in Betrieb genommen.

Etwas unwillig meinte der preußische König Friedrich Wilhelm III. dazu:

Q2 … Die Ruhe und Gemütlichkeit leidet darunter. Kann mir keine große Seligkeit davon versprechen, ein paar Stunden früher von Berlin in Potsdam zu sein. Zeit wird's lehren. …

Im Jahr 1836 begann die „Leipzig-Dresdner Eisenbahn-Compagnie" mit dem Bau einer 115 Kilometer langen Fernstrecke zwischen Leipzig und Dresden. So wie hier wurde in vielen deutschen Staaten der Ausbau des Schienennetzes zügig vorangetrieben, von etwa 550 Kilometern im Jahr 1840 auf knapp 34 000 Kilometer im Jahr 1880. Die Bahn diente zunächst hauptsächlich dem Personenverkehr und führte zu erheblich verkürzten Reisezeiten.

Der erste Frachtbrief stammt aus dem Jahr 1836 für den Transport von zwei Bierfässern von Nürnberg nach Fürth. In den nächsten Jahren und Jahrzehnten gewann der Transport von Gütern jedoch immer größere Bedeutung. Vor allem die Kohle- und Erzvorkommen in Oberschlesien, im Ruhrgebiet oder Saarland konnten jetzt schnell zu den großen Industriestandorten gebracht werden. Dies erst ermöglichte den raschen Ausbau des

Kohlebergbaus und der Eisen- und Stahlindustrie, die in Deutschland zu den wichtigsten Industriezweigen wurden. Durch das Knüpfen eines engmaschigen Schienennetzes wurde die Eisenbahn zu einer wichtigen Triebkraft der Industrialisierung.

In einer heutigen Darstellung heißt es:

M1 … Mit der Vielzahl seiner technischen Bereiche, wie Lokomotiven- und Wagenbau, Oberbau (Bettung und Gleis), Tunnel- und Brückenbau, Hochbau (Bahnhöfe, Lokomotiven- und Wagenhallen, Wasserstationen u.a.), Signalsicherungs- und Nachrichtenwesen, entwickelte sich der Eisenbahnbau innerhalb weniger Jahre zu einem führenden Wirtschaftszweig. …

Voller Bewunderung meinte Friedrich List:

Q3 … Der Zollverein und das Eisenbahnsystem sind siamesische Zwillinge*, denn beide strebten gemeinsam danach, die deutschen Stämme zu einer reichen und mächtigen Nation zu machen. …

2 Erläutert den Satz von Friedrich List (Q3) mit eigenen Worten.
3 Erklärt den Zusammenhang zwischen dem Eisenbahnbau und der Industrialisierung in Deutschland. Vergleicht mit der Entwicklung in England (siehe S. 40/41).
4 Benennt mithilfe der Karte 1 Deutschlands wichtigste Industriegebiete.

Eisenbahnnetz in Deutschland
(in Kilometern):

1835	6
1840	549
1850	5822
1860	11 026
1870	18 560
1880	33 865
1890	41 818
1900	49 878
1910	61 209

siamesische Zwillinge:
Miteinander verwachsene eineiige Zwillinge, benannt nach 1811 so geborenen Zwillingsbrüdern aus Siam (heute Thailand).

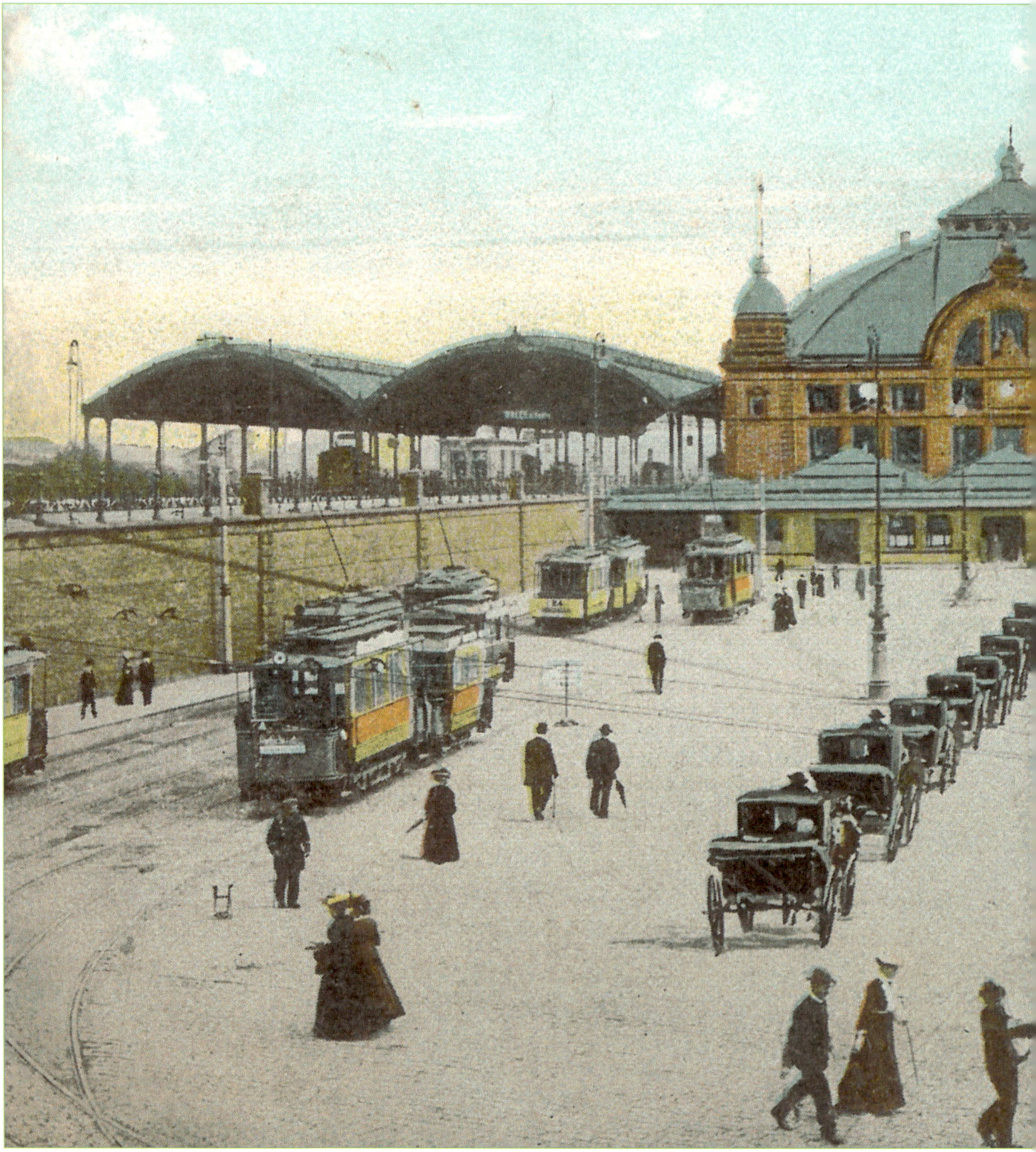

1 **Der Hauptbahnhof in Halle.** Er wurde 1890 erbaut. Bildpostkarte, ohne Jahr (Poststempel: 1907).

Industrialisierung in Sachsen-Anhalt

1 Die Zuckerfabrik von Klein Wanzleben.

2 Die „fliegenden Gleise", die auf den Feldern zum Abtransport der Rüben auf- und abgebaut wurden.

Matthias Rabbethge* (1804–1902)

Das weiße Gold

Da eine gute Verkehrsverbindung Voraussetzung für die schnelle Industrialisierung ist, kam es auch in Sachsen-Anhalt schon bald zum Bau von Eisenbahnverbindungen.

Die älteste Bahnstrecke Sachsen-Anhalts ist die Strecke Magdeburg – Köthen – Leipzig. Sie war die erste Bahn Deutschlands, die durch mehrere Länder führte, nämlich Preußen, Sachsen und Anhalt-Köthen.

Aufgrund ihrer verkehrsgünstigen Lage entwickelten sich Halle und Magdeburg zu wichtigen Knotenpunkten des Eisenbahnnetzes in Mitteldeutschland (siehe Schauplatz Geschichte S. 50/51).

Die Möglichkeiten des Transports auf Schienen wurden auch von den großen Fabriken genutzt, die jetzt überall im Land entstanden. Zu den wichtigsten Industrieprodukten im Gebiet des heutigen Sachsen-Anhalt gehörte damals sicherlich der Zucker mit dem Zuckerrübenanbau. Erfolgreichster Unternehmer wurde hier Matthias Rabbethge*, unter dessen Leitung die Zuckerfabrik in Klein Wanzleben einen raschen Aufschwung nahm. Dazu trugen vor allem auch seine erfolgreichen Bemühungen bei, den Zuckergehalt durch systematische Weiterzüchtung der Zuckerrü-

ben zu verbessern. Auf Grund der Erfolge nahm sein Unternehmen schon am Ende des 19. Jahrhunderts eine weltweit führende Stellung als Saatzuchtbetrieb für Zuckerrüben ein. Beinahe alle Rübensorten, die heute weltweit angebaut werden, gehen auf die Züchtungen in Klein Wanzleben zurück.

Für die Züchtung und den Anbau brauchte Rabbethge große Ackerflächen, was zu immer weiteren Transportwegen führte. Zunächst behalf man sich mit mobilen Gleisen, die auf den Feldern für den Abtransport der Rüben aufgebaut wurden (siehe Abbildung 1). Da die Anbauflächen innerhalb weniger Jahre immer größer wurden und Wege wie Straßen bei nassem Wetter von den schweren Rübenwagen kaum befahren werden konnten, musste eine Transportbahn (Feldbahn) gebaut werden, die in Klein Wanzleben über ein Schienennetz von fast 50 km verfügte.

1 *Erklärt die Überschrift „weißes Gold".*

2 *Schaut euch die Abbildungen 2–4 genau an. Erklärt daran den technischen Fortschritt bei der Zuckerrübenernte.*

3 *Informiert euch mithilfe des Internets über Matthias Rabbethge und die Bedeutung der Zuckerindustrie im heutigen Sachsen-Anhalt.*

Industrialisierung in Sachsen-Anhalt

3 Ein Fortschritt bei der Zuckerrübenernte: die Feldbahn.

4 Zuckerrübenernte heute mit dem Rübenroder.

Der Braunkohlenbergbau

Um Zuckerrüben zu verarbeiten, brauchte man als Brennstoff die Braunkohle. Den Braunkohlenbergbau gab es schon seit vielen Jahrhunderten auf dem Gebiet des heutigen Sachsen-Anhalt. Durch den Bedarf in der Zuckerrübenindustrie aber nahm er jetzt einen bedeutenden Aufschwung.

Die größten Reviere lagen im Süden des Landes im Gebiet um Halle. Um die industrielle Gewinnung und Verarbeitung der Braunkohle machte sich vor allem Carl Adolf Riebeck* verdient, nach dem heute der größte Platz in Halle benannt ist. Riebeck, Sohn armer Bergleute, der sein Leben lang kaum richtig schreiben konnte, begann schon mit zehn Jahren im Bergbau zu arbeiten. Durch immensen Fleiß schaffte er den Aufstieg bis zum Berginspektor.

Er erwarb immer wieder Gelände mit Braunkohlevorkommen und betrieb zusätzlich auch Aufbereitungsanlagen zur Gewinnung von Teer und Industrieölen sowie zur Herstellung von Briketts.

4 *Besorgt euch zusätzliche Informationen zu Riebeck. Schreibt eine kurze Biographie (siehe S. 98) über seinen Werdegang zum mächtigsten Unternehmer in Halle und Umgebung.*

Weitere Industrien

Im Jahre 1856 entdeckten Arbeiter aus Staßfurt Kalisalze. Ihre Bedeutung als künstlicher Dünger war erst kurz zuvor von dem Chemiker Justus von Liebig entdeckt und weltweit bekannt gemacht worden. Gerade beim Zuckerrübenanbau brauchte man sehr viel künstlichen Dünger, den die Staßfurter Betriebe nun in ausreichendem Maße liefern konnten. Innerhalb weniger Jahre wurde Staßfurt so Ausgangspunkt für eine international bedeutende Kaliindustrie und für die auf den Kalisalzen beruhende Chemie-Industrie.

Die Rübenzuckerfabriken, der Braunkohlenbergbau, der Abbau der Kalisalze und die chemische Industrie verlangten wiederum nach dem Einsatz von Maschinen aller Art wie z. B. Dampfdreschmaschinen, Dampfflügen oder Sämaschinen.

Zusätzlich entstanden, vor allem im Raum Magdeburg, zahlreiche Reparaturbetriebe. Sie boten vielen Menschen, die bisher in der Landwirtschaft tätig gewesen waren, genügend Arbeit und Verdienst.

5 *Informiert euch, welche Industriebetriebe es in eurer Gemeinde gibt. – Welche haben ihre Anfänge schon im 19. Jahrhundert?*

Carl Adolf Riebeck* (1821–1883)

1 Braunkohlebagger in Ferropolis – der „Stadt aus Eisen".

Kohle – Dampf – Licht

In einer Mitteilung des Verbandes „TourismusRegion" Wittenberg heißt es:

M1 … „Historisch betrachtet entstanden viele bahnbrechende Erfindungen und Entwicklungen des 20. Jahrhunderts auf dem Territorium des heutigen Landes Sachsen-Anhalt.

Von hier aus wurde die industrielle Entwicklung in Deutschland und Europa über Jahrzehnte geprägt. Waren zu Beginn der Industrialisierung vor allem die Zuckerindustrie, der Maschinenbau und die Eisenbahn Motoren der Entwicklung, so führte die Erschließung umfangreicher Braunkohlevorkommen … zur Herausbildung so genannter Verbundindustrien, d. h. einer auf Braunkohle beruhenden chemischen Industrie. Sie bildete die Grundlage für eine Reihe einmaliger Entwicklungen. So war der Stickstoffdünger aus Piesteritz eine Grundlage für die moderne Landwirtschaft, und mit Leichtmetall

aus Bitterfeld begann Hugo Junckers die Ära der zivilen Luftfahrt. Die synthetische Herstellung von Benzin und Kautschuk fand zuerst in Leuna und Buna statt, und der erste Farbfilm kam aus Wolfen. Das Bauhaus in Dessau gilt weltweit als Beginn der Moderne.

Wer sich näher mit diesen Entdeckungen und Erfindungen beschäftigen möchte, für den gibt es die Erlebnisroute: Kohle–Dampf–Licht. In einem Begleitheft dazu heißt es:

M2 … Ein Revier wird zur Tourismusregion der besonderen Art – davon erzählen Bergleute in Ferropolis, der „Stadt aus Eisen", davon berichten Kraftwerker und ehemalige Chemiearbeiter in einmaligen Industriemuseen an Originalschauplätzen, davon künden Renaturierungsprojekte, die vegetationslose Abraumhalden in einzigartige Seen- und Naturlandschaften verwandelt haben.

Von diesem Wandel berichtet die einmalige Bergbaufolgelandschaft

Goitzsche an der Bitterfelder Wasserfront. Unter den mächtigen Braunkohleflözen lag einst Deutschlands einzige Bernsteinförderstätte. Davon und von der Zukunft des Reviers erzählt das Bitterfelder Museum.

1 *Stellt mithilfe der Karte 2 und der Europäischen Route der Industriekultur* www.erih.net/de/regionale-routen/deutschland/sachsen-anhalt/karte.html *fest, ob es auch ein Industriedenkmal oder –museum in eurer Nähe gibt.*

2 *Bildet Arbeitsgruppen und sucht euch ein Industriedenkmal der beiden Routen aus. Informiert euch über diese Denkmäler und stellt sie in einer kurzen Präsentation euren Mitschülern und Mitschülerinnen vor. Besprecht anschließend gemeinsam, ob die Bedeutung der einzelnen Industriedenkmäler deutlich genug herausgestellt wurde.*

54

Das Kraftwerk Vockerode ⑭

Wittenberg – Die Piesteritzer Werkssiedlung ①

Kohle-Dampf-Licht-Radweg

Das Industrie- und Filmmuseum Wolfen ⑬

Das Technikmuseum „Ferropolis" im ehemaligen Braunkohlenabbaugebiet ③

Der Landschaftspark Goitzsche ⑧

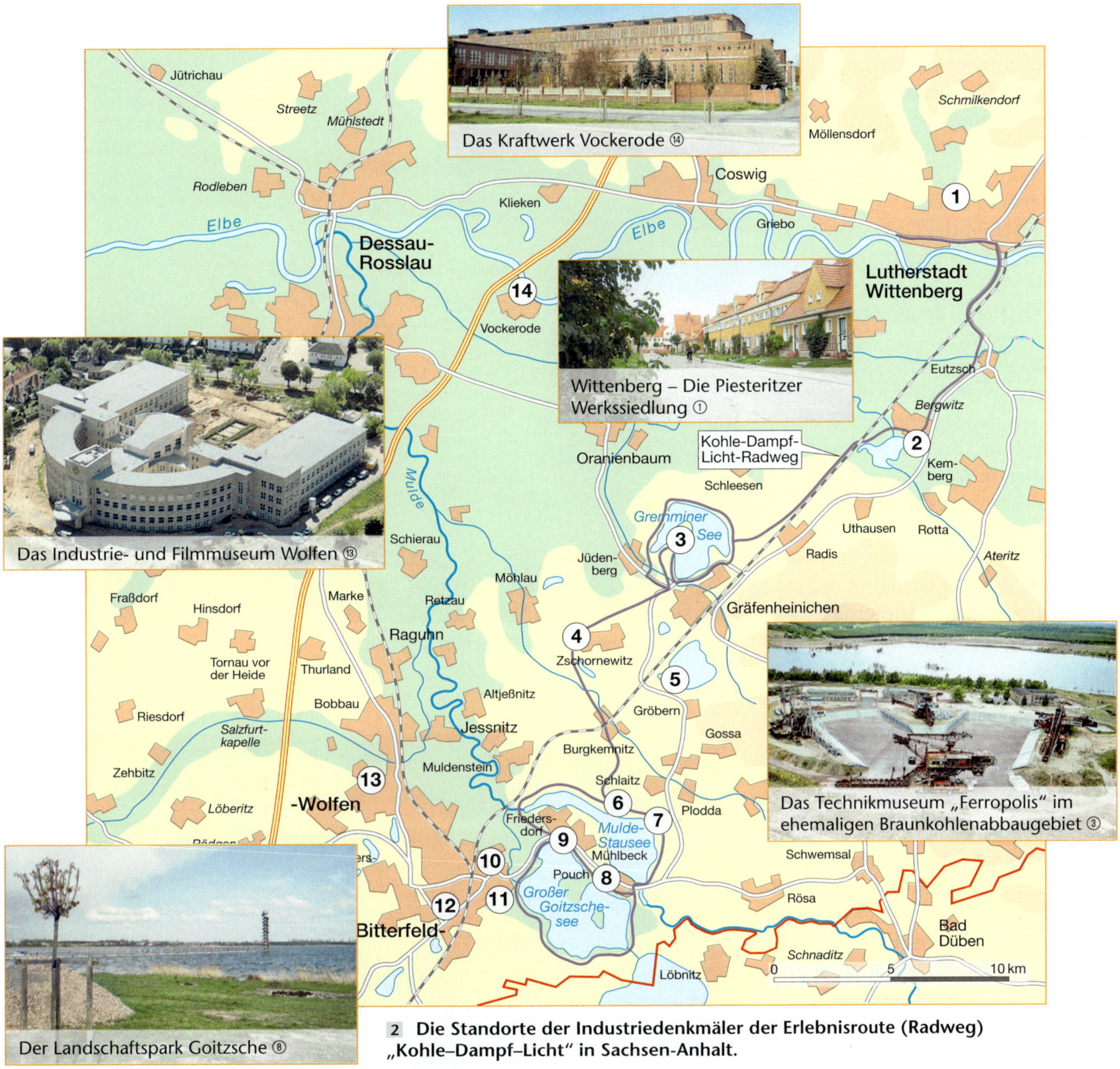

2 Die Standorte der Industriedenkmäler der Erlebnisroute (Radweg) „Kohle–Dampf–Licht" in Sachsen-Anhalt.

① Lutherstadt Wittenberg
Piesteritzer Werkssiedlung
② Bergwitz
Camping- und Wassersportpark Bergwitzsee
③ Gräfenhainichen
Ferropolis GmbH
④ Zschornewitz
Industriedenkmal Kraftwerk Zschornewitz mit Werkssiedlung

⑤ Gemeinde Gröbern
Zeuss e. V. Gröbern
⑥ Schlaitz
Haus am See
⑦ Schlaitz
Heide-Camp Schlaitz
⑧ Bitterfeld-Wolfen
Landschaftspark Goitzsche
⑨ Mühlbeck-Friedersdorf
Buchdorf Mühlbeck-Friedersdorf

⑩ Bitterfeld-Wolfen
Wasserzentrum Bitterfeld
⑪ Bitterfeld-Wolfen
Kreismuseum Bitterfeld mit Bernstein-kabinett
⑫ Bitterfeld-Wolfen
Bitterfelder Bogen
⑬ Bitterfeld-Wolfen
Industrie- und Filmmuseum Wolfen
⑭ Vockerode
Kraftwerk Vockerode

Industrialisierung: Segen oder Fluch?

Ein Zentrum der Industrialisierung stellte die Stadt Bitterfeld dar. Dort entstand schon Mitte des 19. Jahrhunderts die chemische Industrie. 1908 begann der Braunkohleabbau in der benachbarten Goitzsche. Auf dem Gebiet der Goitzsche gab es vor der Industrialisierung ausgedehnte Wälder und eine weite Auenlandschaft. Um die Braunkohle zu gewinnen, wurde die Natur auf einer Fläche von 60 km² völlig zerstört: Straßen und Gewässer wurden verlegt, Dörfer abgerissen und ihre Bewohner umgesiedelt. Mit der chemischen Industrie und dem Braunkohletagebau entstanden in diesem Raum riesige Kraftwerks- und Industrieanlagen. Sie brachten zahlreiche Arbeitsplätze und damit einen sicheren Lebensunterhalt, aber auch große Umweltbelastungen.

Fast unerträglich war für alle Anwohner die Rauchplage.

In einem Bericht aus dem Jahre 1865 heißt es:

Q1 … Es war Ende August 1865 morgens in der Früh, als wir vor den Toren der großen Fabrikstadt Chemnitz anlangten. Von der Stadt selbst konnten wir in einer Entfernung von einer Viertelstunde nichts entdecken, sie war vollständig in einen dichten Schleier von Rauch und Russ gehüllt. So etwas war uns allen noch nicht vorgekommen, wie schwarzer Schnee rieselten die Flocken des Rußes der zahlreichen Fabrikschornsteine auf uns nieder. Bei stiller schwüler Luft sammeln sich diese schwarzen Schlotauswürfe zu einer dichten Wolke und rieseln dann zur Erde nieder.

1 Braunkohleabbau bei Bitterfeld um 1910.

2 Die geflutete Landschaft bei Bitterfeld heute.

Was hier im 19. Jahrhundert von Chemnitz berichtet wurde, galt noch bis vor kurzer Zeit ebenso für die Bewohner um Bitterfeld. In einem Zeitungsbericht von 2007 heißt es dazu:

M1 … Nirgendwo schien Ostdeutschland grauer, nirgends waren die zum Himmel stinkenden Altlasten bedrückender und bedrohlicher als am Rande des riesigen Chemiekombinats, das einmal mehr als 30 000 Menschen beschäftigt hat. Wenn der Wind den Staub der Braunkohlekrater vor den Toren der Stadt aufwirbelte, wurde es bisweilen finster am helllichten Tag.

Ursache dieser Umweltbelastungen, war die fehlende Modernisierung der Industrieanlagen (z. B. fehlenden Entstaubungsanlagen) und das Einleiten von Chemieabwässern in Saale und Mulde.

Vom Tagebau zum Naturparadies

Bitterfeld – heute die viertgrößte Stadt in Sachsen-Anhalt – hat sich in den letzten Jahren sehr gewandelt. Große Anstrengungen wurden unternommen, die Umweltbelastungen zu verringern.

Aus den Braunkohlekratern wurde eine sehenswerte Seenlandschaft mit insgesamt neun Seen (siehe Abbildung 4). Eine seltene Tierwelt hat sich hier eingefunden. Die Goitzsche wurde damit zu einem Naherholungsgebiet und einem Anziehungspunkt für zahlreiche Touristen. Bitterfeld selber erhielt eine schöne Strandpromenade.

1 Diskutiert die Aussage: „Industrialisierung – Segen oder Fluch?"

2 Wertet die Karten 1 und 2 aus. Nehmt die Methode auf S. 109 zuhilfe.

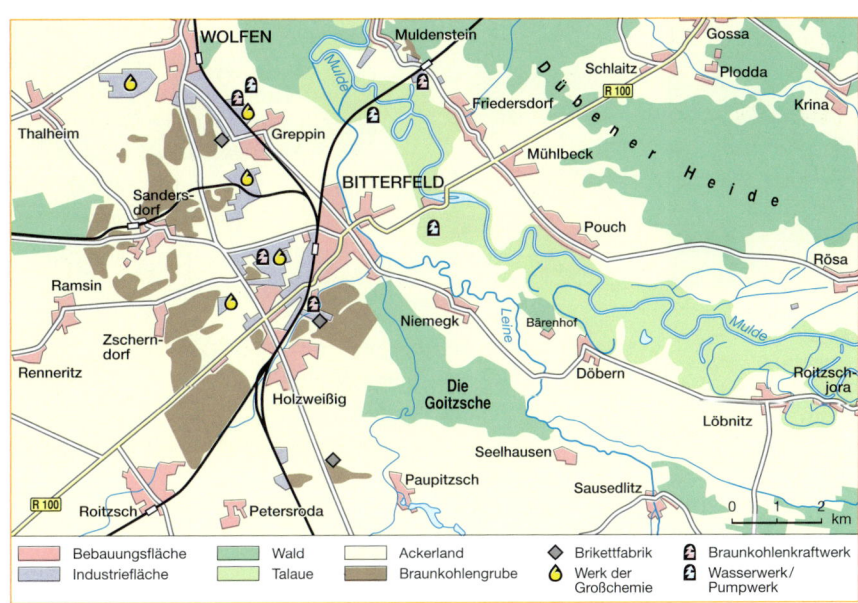

3 Die Umgebung von Bitterfeld um 1920.

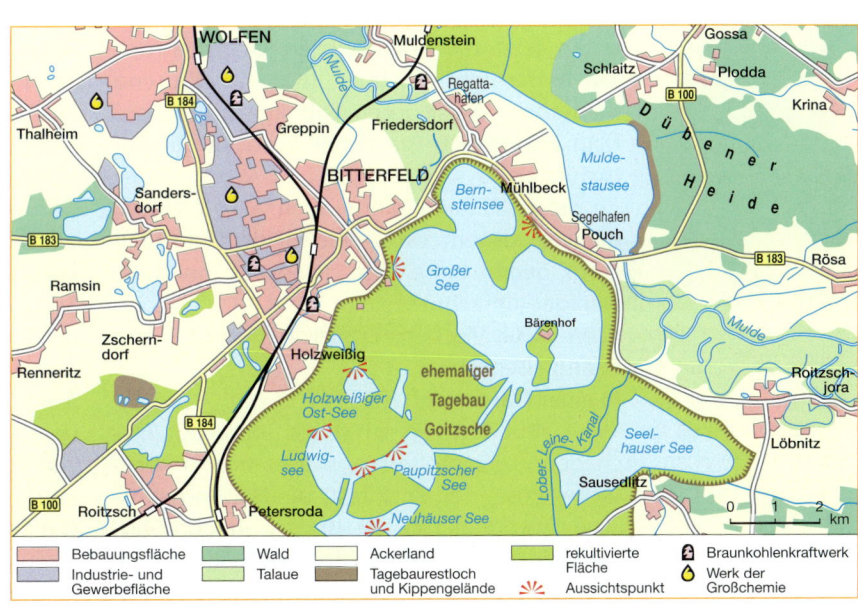

4 Geplante Gestaltung der Umgebung von Bitterfeld (Endsituation um 2005.)

3 Stellt die Veränderungen der Bitterfelder Gegend mithilfe der Materialien dieser Doppelseite in einem kurzem Text dar.

4 Benennt die Materialien dieser Doppelseite (z. B. Quellentext, Darstellungstext usw.) und überlegt anschließend, was sie zum Thema dieser Doppelseite („Industrie und Umwelt") beitragen.

Die Gesellschaft ändert sich

Alfred Krupp (1812–1887) im Reitergewand. Zeitgenössisches Gemälde.

Richard Hartmann (1809–1878)

1 **Die Villa Hügel:** ehemaliges Wohnhaus der Familie Krupp in Essen-Bredeney. Postkarte, um 1900.

Krupp – der Name genügt

Mit der Industrialisierung änderten sich die Machtverhältnisse in der Gesellschaft. Vor Beginn der Industrialisierung genossen die Adligen das höchste Ansehen. An ihre Stelle traten jetzt die erfolgreichen Unternehmer. Sie herrschten oft über mehrere Tausend Menschen, die in ihren Fabriken arbeiteten. Man bezeichnete sie daher auch als „Industriefürsten".

Zu diesen Fürsten zählte auch Alfred Krupp, der von seinem Vater eine kleine Gussstahlfabrik geerbt hatte. Ihm gelang es innerhalb weniger Jahrzehnte, einen Weltkonzern zu errichten mit Zechen, Erzbergbaugruben und Eisengießereien.

In einer Darstellung heißt es:

M1 … Krupp ist von sich selbst überzeugt. Der hagere, sehr große Mann lässt sich in herrischer Pose, den Blick fest, die Haltung stattlich, fotografieren. Er ist fast hochmütig, empfängt in seinem Schloss, der Villa Hügel, Könige und Kaiser – als Kunden, nicht aus gesellschaftlichen Gründen. So lehnt er folgerichtig auch den ihm angebotenen Adelstitel ab: Krupp – das genügt vollständig. …

1 *Erklärt die Bezeichnung „Industriefürsten".*
2 *Erklärt die Aussage: „Der Geldadel ersetzte im 19. Jahrhundert den Geburtsadel."*

Der sächsische Lokomotivenkönig

Bedeutende Industrielle gab es auch auf den Gebieten des heutigen Sachsen und Sachsen-Anhalt. Der bekannteste unter ihnen war sicherlich der Maschinenfabrikant und Eisenbahnpionier Richard Hartmann (1809–1878). 1841 konnte er seine erste Dampfmaschine ausliefern, 1843 eine neue Spinnmaschine, für die er eine Preismedaille in Gold erhielt. Im Jahre 1848 begann er mit dem Bau von Dampflokomotiven. Innerhalb weniger Jahre wurde er zum wichtigsten Lieferanten von Lokomotiven für die Königlich Sächsischen Staatseisenbahnen. Da er darüber hinaus seine Lokomotiven weltweit verkaufen konnte, nannte man ihn den „Lokomotivenkönig".

Aufgrund seiner großen Erfolge als Fabrikant nahm die Zahl seiner Beschäftigten schnell zu, von etwa 200 im Jahre 1842 auf über 1500 im Jahre 1857.

Die Unternehmer beanspruchten für sich die alleinige Autorität; von ihren Arbeitern verlangten sie eine strenge militärische Disziplin und unbedingten Gehorsam. Man lebte in einem Obrigkeitsstaat und genauso sollte auch die Welt der Arbeiter organisiert sein. Arbeiterorganisationen waren in ihren Fabriken daher verboten.

Die Gesellschaft ändert sich

2 Arbeiterfamilie in ihrer Berliner Wohnung, 1907. Der Mann und das älteste Mädchen (14 Jahre) fehlen bei dieser Aufnahme, die Großmutter ist anwesend.

Arbeiter – die „Namenlosen"

Die überall neu entstehenden Fabriken brauchten unzählige Arbeitskräfte. Häufig waren es Bauern und Landarbeiter, die ihre Dörfer verließen, um in den Städten Arbeit für sich und ihre Familien zu finden. Eine Arbeitsstelle garantierte allerdings noch keine Wohnung. Die Bauwirtschaft konnte mit dem explosionsartigen Bevölkerungswachstum nicht Schritt halten. Angesichts der Wohnungsnot zimmerten sich kinderreiche Arbeiterfamilien am Rande der Städte einfachste Hütten.

In einem Zeitungsbericht aus dem Jahr 1845 heißt es:

Q1 … Ein Arbeiter wohnte ungeachtet des bereits eingetretenen Winters bis vor wenigen Tagen mit seiner Frau und seiner Tochter in einem Gartenhäuschen. Außer einem tief geschwärzten Bett, das kaum noch Spuren einer Federfülle zeigt, befand sich nichts in dem finstern, unheizbaren Raum als ein alter Stuhl, einiges Küchengerät und ein Hund, der sich in seinem eigenen Unrat wälzte und heißhungrig jeden Gegenstand beleckte. …

Mietskasernen

Wer es sich leisten konnte, zog mit seiner Familie in eine der großen „Mietskasernen". Das waren Wohnblöcke, die von wohlhabenden Bürgern errichtet wurden, weil sie sich davon hohe Mieteinnahmen versprachen. Diese Arbeiterwohnungen bestanden meist aus zwei Zimmern, in denen Familien von sechs bis zehn Personen lebten. In den Betten schliefen oft vier Kinder, zwei am Kopf- und zwei am Fußende. Die Ausstattung der Wohnungen war dürftig. Der einzig beheizbare Raum war die Küche, die zugleich Wohnzimmer war. Wasserleitungen in den Wohnungen gab es noch nicht.

Die große Abhängigkeit vom Unternehmer, geringe Löhne, schlechte Wohnverhältnisse, ein Leben in Armut trotz harter Arbeit – diese Erfahrungen mussten fast alle Arbeiter machen. Aufgrund ihrer gemeinsamen Erfahrungen entwickelten sie allmählich das Bewusstsein der Zusammengehörigkeit – sie bildeten zusammen die Arbeiterklasse.

Davon unterschieden sich die besser gestellten Angestellten, die in den Firmen z. B. als Buchhalter oder Schreiber, als Ingenieure oder Bauzeichner tätig waren und kürzere Arbeitszeiten hatten.

3 *Beschreibt die Wohnverhältnisse der Arbeiter mithilfe von Abbildung 2 und des Textes.*

4 *Erläutert den Ausdruck „Mietskasernen".*

5 *Erklärt den Ausspruch: „Mit der Wohnung kann man einen Menschen töten."*

Arbeiten ohne Ende

1 Arbeiter in der Kanonenwerkstatt bei Krupp. Foto, 1909.

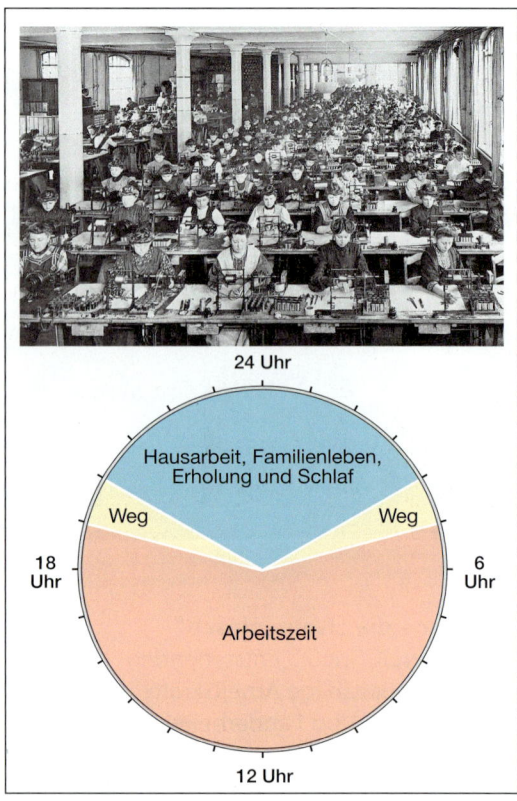

Entwicklung der durchschnittlichen Wochenarbeitszeit *(ungefähr) in Deutschland.*

1800	70 Stunden
1820	78 Stunden
1840	96 Stunden
1870	73 Stunden
1900	70 Stunden
1919	48 Stunden
1998	37 Stunden
2008	40 Stunden

2 Tagesablauf eines Arbeiters.

24 Uhr

Hausarbeit, Familienleben, Erholung und Schlaf

Weg   Weg

18 Uhr   6 Uhr

Arbeitszeit

12 Uhr

Arbeitsbedingungen

Einen eindrucksvollen Bericht über die Arbeitsbedingungen der Arbeiter gibt Ernst Abbe, der Mitinhaber der Zeiss-Werke in Jena. Er erzählt von seinem Vater aus der Zeit um 1850:

Q1 … Die Arbeitszeit währte 14 bis 16 Stunden. Mittagspause gab es nicht. An eine Maschine gelehnt oder auf eine Kiste gekauert, verzehrte mein Vater sein Mittagessen aus dem Henkeltopf mit aller Hast, um mir dann den Topf geleert zurückzugeben und sofort wieder an die Arbeit zu gehen.
Mein Vater war eine Hünengestalt von unerschöpflicher Robustheit, aber mit 48 Jahren in Haltung und Aussehen ein Greis, seine weniger starken Kollegen waren aber mit 38 Jahren Greise …

Und selbst über die Borsigwerke in Berlin, die bessere Löhne zahlten und bessere Arbeits-bedingungen boten als viele andere Unternehmen, kursierte in der Berliner Arbeiterschaft ein Gedicht. In dem Gedicht von 1900 heißt es:

Q2 … Wer nie bei Siemens-Schuckert war,
Bei AEG und Borsig,
Der kennt des Lebens Jammer nicht,
Der hat ihn erst noch vor sich …

Kein Auskommen mit dem Einkommen

Trotz der langen Arbeitszeiten reichte der Lohn häufig kaum aus, um die Familien vor dem Verhungern zu bewahren. Da sehr viele Menschen Arbeit suchten, konnten die Unternehmer niedrige Löhne zahlen. Wer arbeitslos oder arbeitsunfähig wurde, erhielt keinerlei Unterstützung. Frauen und Kinder mussten in den meisten Familien mitarbeiten, um die Existenz zu sichern.

1 *Untersucht Abbildung 2. – Was hat sich für die Arbeiter und Angestellten im Vergleich dazu bis heute geändert?*

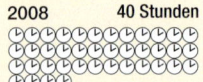

Arbeiten ohne Ende

3 Arbeiterfamilie beim Essen.
Holzstich, Mitte 19. Jahrhundert.

4 Arbeiterinnen in einer Schokoladenfabrik.
Foto, 1910.

Kinder als billige Arbeitskräfte

Auch Kinder wurden sehr oft als Arbeitskräfte eingesetzt. Berichte über Kinder im Alter von nur sechs oder sieben Jahren, die schon zu einfacheren Arbeiten herangezogen wurden, sind nicht selten. Ihre Bezahlung war äußerst gering. Sie erhielten lediglich ein Viertel des Lohns eines ungelernten Arbeiters. Arbeitszeiten von 14 bis 16 Stunden galten als normal. Niemand nahm zunächst daran Anstoß, dass Kinder auch für Nachtschichten eingesetzt wurden:

Q3 … In der Baumwollspinnerei werden über zwanzig Schulkinder bei Nacht beschäftigt. Und zwar arbeitet eine Abteilung von abends 16.00 Uhr bis 24.00 Uhr nachts, die andere nachts von 24.00 Uhr bis morgens 8.00 Uhr. Ist die Arbeit nicht zu anstrengend, sind die Schichten richtig verteilt und nicht zu lang und kann der gehörige Schlaf nachfolgen, so ist die Verwendung von schulpflichtigen Kindern zur Nachtarbeit nicht verwerflich. …

2 *Sprecht darüber, welche Folgen die Kinderarbeit für die betroffenen Kinder hatte: für die Gesundheit, die schulische Bildung, das Familienleben usw.*

Doppelbelastung der Frauen

Frauen wurden als Arbeitskräfte von den Unternehmern sehr geschätzt. Sie waren bei manchen Arbeiten nicht nur geschickter, sie erhielten vor allem nur die Hälfte des Arbeitslohnes ihrer männlichen Kollegen bei gleich langer Arbeitszeit. Gleichzeitig aber mussten sie auch noch für den Haushalt und die Kinder sorgen.

In einem Bericht aus dem Jahre 1899 wird von einer Fabrikarbeiterin erzählt, die jeden Morgen zwischen 3.30 und 5.00 Uhr aufstehen, das Frühstück richten und die Kinder zur Schule schicken musste, bevor sie selber zur Fabrik ging. In dem Bericht heißt es weiter:

Q4 … Es gibt viele Arbeiterinnen, die täglich zehn bis zwölf Kilometer zu Fuß zur Fabrik zurücklegen müssen. Ist die Entfernung zur Fabrik nicht so weit, eilt sie in der Mittagspause im Schnellschritt heim, macht Feuer …, wärmt das vorher fertiggestellte Essen auf und isst mit den Angehörigen …
Abends dasselbe: Abendessen, Schularbeiten der Kinder, Flicken und Waschen der Kleider und Wäsche. Vorbereitung des Essens für den anderen Tag. Vor neun Uhr abends endet der Arbeitstag nie …, oft erst nach 11.00 Uhr. …

3 *Beschreibt die Belastung der Frauen.*
4 *Schaut euch Abbildung 3 an. Welchen Eindruck macht diese Familie?*
5 *Versetzt euch in die Frau, den Mann oder das Kind auf diesem Bild. – Was mögen sie gedacht oder gefühlt haben?*

Wer löst die soziale Frage?

soziale Frage*:
Bezeichnung für die Notlage und die ungelösten sozialen Probleme der Arbeiter im 19. Jahrhundert, die mit der Industrialisierung entstanden waren. Dazu zählten z. B. das Wohnungselend, unzumutbare Arbeitsbedingungen, Verelendung aufgrund niedriger Löhne und hoher Arbeitslosigkeit.

Adolph Kolping (1813–1865) wuchs als Kind eines armen Schäfers auf und kam als Schustergeselle nach Köln. Entsetzt über die menschenunwürdigen Lebensbedingungen in der Stadt, beschloss er Priester zu werden. In Elberfeld (heute Stadtteil von Wuppertal) begann er sein Werk als „Gesellenvater". 1849 gründete Kolping den Kölner Gesellenverein. Bei Kolpings Tod gab es fast 200 Ortsvereine mit 25 000 Mitgliedern. Schließlich entstand das Kolpingwerk, das heute weltweit in 30 Ländern vertreten ist und über 350 000 Mitglieder hat.

1 Werkstatt des „Rauhen Hauses", das 1833 gegründet wurde. Darstellung von 1845.

Die Kirche greift ein

Angesichts des Elends, in dem die Arbeiter, ihre Frauen und Kinder leben mussten, stellte sich immer dringender die Frage: Was muss geschehen, um die menschenunwürdigen Lebensverhältnisse der Arbeiter zu bessern? Auf diese Frage, die man als „Arbeiterfrage" oder „soziale Frage*" bezeichnete, gab es im 19. Jahrhundert ganz unterschiedliche Antworten.

Schon in der ersten Hälfte des 19. Jahrhunderts setzten sich evangelische und katholische Geistliche mit diesem Problem auseinander. So gründete der Theologe Johann Heinrich Wichern (1808–1881) bereits 1833 in Hamburg das „Rauhe Haus", in das er verwaiste und obdachlose Kinder aufnahm.

Auf dem ersten „Deutschen Evangelischen Kirchentag" 1848 sagte Wichern:

Q1 … Ihr Männer der Kirche, denkt auch an die Not der Menschen außerhalb der Kirchenmauern! Überall, wo die Armen vor Not keine Kraft mehr haben, die Botschaft Christi zu hören, da müsst ihr eingreifen. Alles Predigen wird nichts helfen, wenn nicht zugleich für das leibliche Wohl unserer Brüder gesorgt wird …

1 *Welche Voraussetzungen für eine wirksame Verkündigung des christlichen Glaubens müssen nach Wichern gegeben sein?*

Großes Aufsehen erregte auch Papst Leo XIII. mit einem Rundschreiben, in dem er nicht nur die Arbeiter zur treuen Pflichterfüllung ermahnte, sondern auch die Arbeitgeber.
Aus dem Rundschreiben des Papstes:

Q2 … Unehrenhaft und unmenschlich ist es, Menschen wie eine Ware nur zum eigenen Gewinn auszubeuten … Zu den wichtigsten Pflichten der Arbeitsherren gehört es, jedem das Seine zu geben … Dem Arbeiter den verdienten Lohn vorzuenthalten ist ein großes Verbrechen, das um Rache zum Himmel ruft …

2 *Wie könnten Unternehmer oder Arbeiter auf den Satz „Jedem das Seine" reagieren?*

Besonders erfolgreich wirkte der Gründer der katholischen Gesellenvereine, Adolph Kolping. Es gelang ihm in wenigen Jahren, überall in Deutschland „Kolpinghäuser" zu gründen, in denen wandernde Handwerksgesellen Unterkunft und Verpflegung fanden.

Lösungsversuche von Kirchen, Unternehmern, Gemeinden

2 Die Reihenhäuser der Werkssiedlung Piesteritz. Im Hintergrund ist die Kirche zu sehen. Foto, 2004.

3 Die Gärten der Häuser. Foto, 2004.

Fürsorge von Unternehmern und Gemeinden

Der Wohnungsnot in den Städten versuchte man durch den Bau von Mietskasernen zu begegnen (siehe S. 59). Manche Unternehmer oder Gemeinden ließen aber auch Arbeitersiedlungen errichten – ähnlich wie die Werkssiedlung Piesteritz in Wittenberg, die erst zwischen 1916–1919 entstand. Mit ihren 393 Häusern bot sie den zweitausend Beschäftigten der Stickstoffwerke Piesteritz ausreichenden Wohnraum.

Zu der Siedlung gehörten u. a. eine katholische Kirche, ein Rathaus, ein Vereinshaus „Feierabend" und eine Schule. Damit sich jeder Beschäftigte eine Wohnung leisten konnte, gab es verschiedene Bautypen, vom einfachen Reihenhaus bis zu größeren Einfamilienhäusern. Sehr fortschrittlich für die damalige Zeit war, dass alle Häuser innenliegende Toiletten und Badewannen enthielten. Außerdem gehörten zu jedem Haus Gärten, damit sich die Arbeiter eigenes Obst und Gemüse anbauen konnten. Arbeiter und Vorgesetzte wohnten nebeneinander.

Doch konnten derartige Werkssiedlungen das Armutsproblem lösen?

In der Zeitung „Social-Demokrat" war schon 1865 ein Artikel erschienen, in dem es hieß:

Q3 … Humanität einzelner Fabrikanten gegen ihre Arbeiter ist ohne Zweifel eine höchst nennenswerte Sache, aber mit der sozialen Frage haben diese Dinge nichts zu tun. Hier-für ist es ganz gleichgültig, ob es edle Fabrikanten gibt oder nicht, denn es handelt sich nicht darum, im Kleinen, sondern im Großen andere Zustände herzustellen, und nicht darum, die Gnade oder den guten Willen einzelner Fabrikanten in Anspruch zu nehmen, sondern die Rechte – man verstehe wohl! –, die Rechte der Arbeiter zu erkämpfen. …

3 *Sprecht über die Einstellung des Verfassers von Q3 zur Wohltätigkeit der Unternehmer.*

4 Gartenlaube in der ehemaligen Werkssiedlung „Borsigwalde" in Berlin, um 1900.

Werkssiedlung Borsigwalde. Mit dem Entschluss der Firmenleitung von Borsig, ihr neues Werk am Stadtrand Berlins zu errichten, war auch der Bau einer Werkssiedlung verbunden. Trotz des Neubaus blieben die Wohnverhältnisse eng. In jeder Etage lebte eine mindestens vierköpfige Familie. Von Vorteil waren der kurze Weg zur Arbeit und der kleine Garten hinter dem Haus, der zum Anbau von Gemüse vorgesehen war.

Auf dem Weg zur Arbeiterpartei

Gewerkschaften*:
Mitte des 19. Jh. schlossen sich zuerst in England Arbeiter zu Organisationen zusammen (Trade Unions), die bessere Arbeitsbedingungen und Löhne an- strebten. Wichtigstes Druckmittel der Ge- werkschaften war der Streik, d. h. die zeit- weilige Niederlegung der Arbeit. In Deutschland entstan- den erste Arbeiterver- eine bzw. Gewerk- schaften 1848/49.

Ferdinand Lassalle (1825–1864): Mitarbeiter der „Neuen Rheinischen Zeitung".

1 *Formuliert gemeinsam eine Unterschrift zu Abbildung 1, z. B. „Arbeiter schildern dem Fabrikanten ihre Lage" oder „Arbeiter bitten um mehr Lohn" usw. – Begründet eure Formu- lierung.*
2 *Beschreibt die Reaktion des Fabrikanten. – Achtet dabei auch auf seine Gesten und seine Haltung.*

„Mann der Arbeit, aufgewacht!"

Der Arbeiter hatte gegenüber seinem Fabrik- herrn keinerlei Rechte. Dieser bestimmte die Arbeitszeiten, die Löhne und die Freizeit. Die Arbeiter fühlten sich ungerecht behandelt. Sie sahen, wie die Unternehmer durch ihre Arbeit immer reicher wurden. Sollten sie daran kei- nen Anteil haben? Immer lauter wurde daher ihre Forderung: „Gebt dem Arbeiter, was des Arbeiters ist!" Da nur wenige Unternehmer dazu bereit waren, begannen die Arbeiter in einzelnen Betrieben zu streiken. Die Unter- nehmer antworteten mit Aussperrungen. Das heißt, auch jene Arbeiter, die sich nicht am Streik beteiligten, durften nicht mehr in ihren Firmen arbeiten.
Die Arbeiter erkannten, dass sie ihre Forde- rungen nur wirksam durchsetzen konnten, wenn sie alle gemeinsam handelten. Sie brauchten eine Organisation, die direkt mit den Unternehmern verhandelte. Das war al- lerdings nicht so einfach. Der Wunsch der Ar- beiter, sich in Vereinen und Gewerkschaften* zusammenzuschließen, war für die Unterneh- mer eine Bedrohung. Auf ihr Betreiben wur- den den Arbeitern daher derartige Zusam- menschlüsse gesetzlich verboten. Erst nach langen, oft blutigen Auseinandersetzungen erhielten sie dieses Recht. Die ersten Gewerk- schaften in Deutschland entstanden erst im Jahre 1848. Im Jahre 1863 kam es durch den Journalisten Ferdinand Lasalle (1825–1864) zur Gründung des „Allgemeinen Deutschen Arbeitervereins", einem Vorläufer der späteren Sozialdemokratischen Partei Deutschlands. Zur Gründung verfasste der Dichter Georg Herwegh ein Bundeslied. In einer Strophe heißt es:

Q1 … Mann der Arbeit, aufgewacht!
Und erkenne deine Macht!
Alle Räder stehen still,
Wenn dein starker Arm es will. …

Das Lied wurde sofort verboten. Sein Text – insgesamt 12 Strophen – durfte nur heimlich weitergeben werden. Dennoch wurde es zum bekanntesten Kampflied der Arbeiterbewe- gung.
3 *Spielt die Situation auf Abbildung 1 nach: Vertreter der Gewerkschaft und ein Unterneh- mer sprechen über Lohnforderungen.*

Gewerkschaften und SPD

2 Hausdurchsuchung im Zuge des Sozialistengesetzes. Zeichnung, um 1885

Die Arbeiter organisieren sich

Im Jahre 1869 gründeten der Drechslermeister August Bebel und der Journalist Wilhelm Liebknecht in Eisenach die Sozialdemokratische Arbeiterpartei Deutschlands (SDAP). Ziel dieser Partei war die „Errichtung eines freien Volksstaates".

Konkret forderte sie daher:

- das allgemeine, gleiche und geheime Wahlrecht für alle Männer über 20 Jahre
- die Einführung einer Bezahlung für Abgeordnete (Diäten), damit auch ärmere Kandidaten sich um einen Sitz im Parlament bewerben konnten
- Trennung von Kirche und Staat
- direkte Gesetzgebung durch das Volk
- Verbot der Kinderarbeit

Neben dem 1863 gegründeten Allgemeinen Deutschen Arbeiterverein gab es jetzt also noch einen zweiten Verein, der sich für die Interessen der Arbeiter einsetzen wollte. Der Allgemeine Deutsche Arbeiterverein und die Sozialdemokratische Arbeiterpartei konkurrierten miteinander und schwächten daher eher die Arbeiterschaft. Es fehlte weiterhin an einer wirklich kampfkräftigen Arbeiterorganisation, die für alle Arbeiter sprach.

4 *Lest die Forderungen der SDAP sorgfältig durch und erklärt sie in eigenen Worten.*

5 *Bildet verschiedene Arbeitsgruppen, die sich entweder mit Lasalle, Bebel oder Liebknecht befassen. – Erstellt eine kurze Biografie mit charakteristischen Merkmalen (siehe S. 98).*

Einigkeit macht stark

Im Mai 1875 trafen sich Vertreter beider Parteien in Gotha zu einem „Vereinigungsparteitag". Nach mehrtägigen Beratungen wurde die Vereinigung beider Parteien zur neuen „Sozialistischen Arbeiterpartei Deutschlands" (SAPD) beschlossen. Seit 1890 nennt sie sich „Sozialdemokratische Partei Deutschlands" (SPD).

Von Anfang an wurde die neue Partei von den preußischen Behörden misstrauisch überwacht. Als im Jahre 1878 zwei Attentate auf Kaiser Wilhelm I. verübt wurden, beschloss der Reichstag auf Betreiben Bismarcks das „Gesetz gegen die gemeingefährlichen Bestrebungen der Sozialdemokratie" (Sozialistengesetz). Mitgliederversammlungen der SPD wurden ebenso verboten wie Zeitungen oder Geldsammlungen. Doch damit war die Arbeiterbewegung nicht aufzuhalten. Im Untergrund organisierte sie sich weiter, oft unter großen Gefahren für die Mitglieder, von denen viele schließlich in die USA flohen. Alle Unterdrückungsmaßnahmen konnten aber nicht verhindern, dass die SPD immer stärker wurde. Im Jahre 1890 wurde das Gesetz wieder aufgehoben.

6 *Beschreibt Abbildung 2. Überlegt, warum während des Sozialistengesetzes Hausdurchsuchungen durchgeführt wurden.*

August Bebel
(1840–1913): Vorsitzender der 1869 gegründeten Sozialdemokratischen Arbeiterpartei; 1872 wegen Hochverrats, 1886 wegen Majestätsbeleidigung zu Festungshaft verurteilt. Unter seinem Vorsitz entwickelte sich die SPD zur stärksten Partei.

1875:
Gründung der Sozialistischen Arbeiterpartei Deutschlands, die ab 1890 Sozialdemokratische Partei Deutschlands hieß.

1878:
Beschluss des Sozialistengesetzes, auf dessen Grundlage die Verfolgung der Arbeiterschaft begann.

Arbeiterinnen kämpfen um ihre Rechte

Clara Zetkin wurde 1857 in Wiederau bei Rochlitz (Sachsen) geboren. Seit ihrer Ausbildung am Lehrerinneninstitut in Leipzig betätigte sie sich in der sozialistischen Bewegung. Sie leitete die Frauenzeitschrift „Die Gleichheit" und zählte zu den Führungsfiguren der Frauenbewegung in der Arbeiterschaft.

1 **Aufruf zum 4. internationalen Frauentag, 1914.** Der Berliner Polizeipräsident verbot die Plakatierung.

2 **Plakat der SPD zu den Wahlen der National-** versammlung am 19.1.1919.

„Frau und Arbeiter haben gemein, Unterdrückte zu sein."

In der gleichen Lage wie die Arbeiter befanden sich auch die Arbeiterinnen. Um sie – so meinten viele Frauen – sollte sich die SPD ebenfalls kümmern. Die Wirklichkeit sah anders aus.

Erstaunt schrieb die Fabrikarbeiterin Adelheid Popp (1869–1939):

Q1 … Nie hörte oder las ich von Frauen in Versammlungen und auch alle Aufforderungen meiner Parteizeitung waren immer nur an die Arbeiter, an die Männer gerichtet … Keiner der Redner wendete sich auch an die Frauen. Es schien alles nur Männerleid und Männerelend zu sein …

Adelheid Popp – ihre Eltern waren einfache Arbeiter – lernte schon früh, was es hieß, arm zu sein und oft Hunger zu haben. Schon im Alter von zehn Jahren musste sie die Schule verlassen, um als Fabrikarbeiterin Geld zu verdienen. Als sie älter wurde, nahm einer ihrer Brüder sie oft zu den Versammlungen der Arbeiter mit. Hier hörte sie viel von deren armseligem Leben, die Frauen aber wurden kaum erwähnt. So beschloss sie, selber über dieses Thema zu sprechen.

Sie schrieb später über ihre erste Rede:

Q2 … Ich sprach von den Leiden, von der Ausbeutung und von der geistigen Vernachlässigung der Arbeiterinnen. Auf Letztere wies ich besonders hin, denn sie schien mir die Grundlage aller anderen rückständigen Eigenschaften zu sein … Aufklärung, Bildung und Wissen forderte ich für mein Geschlecht. …

Adelheid Popp engagierte sich wie viele andere Frauen in der sozialdemokratischen Frauenbewegung. Sie forderten die Gleichberechtigung mit den Männern, also gleichen Lohn für gleiche Arbeit und das Wahlrecht auch für Frauen. Es sollte ein langer Kampf werden, denn die Gleichberechtigung wurde auch von vielen Männern abgelehnt. Außerdem war politischen Parteien die Aufnahme von Frauen, Schülern und Lehrlingen verboten. Selbst zu einfachen politischen Versammlungen waren Frauen nicht zugelassen. Dieses Verbot wurde 1908 aufgehoben. Das Wahlrecht erhielten die Frauen erst 1918.

1 *Spielt folgendes Gespräch: Ein Arbeiter, ein Gegner der Gleichberechtigung, spricht mit Adelheid Popp. – Was könnten sie sagen?*

Ein Generalstreik wird zum „Tag der Arbeit"

3 Titelblatt aus der Maifestnummer einer Zeitschrift, 1894.

4 „Auf, zum Feste All' herbei, Feiern wir den ersten Mai!". „Der wahre Jakob", 25. April 1899.

Der 1. Mai

Am 14. Juli 1889 – dem 100. Jahrestag des Beginns der Französischen Revolution – versammelten sich in Paris über 400 Abgeordnete von Parteien und Gewerkschaften aus vielen Ländern Europas. Sie forderten:

Q3 … dass gleichzeitig in allen Städten an einem bestimmten Tag die Arbeiter an die öffentlichen Gewalten die Forderung richten, den Arbeitstag auf 8 Stunden festzusetzen … [Da] eine solche Kundgebung bereits vom amerikanischen Arbeiterbund für den 1. Mai 1890 beschlossen worden ist, wird dieser Zeitpunkt des Tages der internationalen Kundgebung angenommen. …

Viele Unternehmer in Deutschland drohten daraufhin allen Arbeiterinnen und Arbeitern mit Entlassung, wenn sie sich an einem Streik beteiligten würden. Ihre Namen kämen auf eine „Schwarze Liste". Wer auf dieser Liste stünde, würde in Zukunft bei keinem Unternehmen mehr Arbeit finden.
Über 100 000 Arbeiter und Arbeiterinnen ließen sich von diesen Drohungen nicht einschüchtern und nahmen am 1. Mai 1890 an Streiks, Demonstrationen oder den sogenannten „Maispaziergängen" teil.
Die Fabrikarbeiterin Ottilie Baader (1847 bis 1925) berichtete darüber:

Q4 … Man sah bereits in den frühen Vormittagsstunden sonntäglich gekleidete Gruppen von Arbeiterfamilien hinausziehen ins Freie. Wie war das nur möglich? An einem Arbeitstage wagten die Proletarierscharen, nicht zu arbeiten, dem Unternehmer damit den Profit zu kürzen? Sie wagten zu feiern an einem Tage, der nicht von Staat oder Kirche als Feiertag festgelegt war? Es war [in Paris] vereinbart worden, dass in allen Ländern an die Regierungen Forderungen … zum Schutze der Arbeiter gestellt … werden müssen. Die Arbeitszeit sollte verkürzt, Kinderarbeit verboten werden. … Dann erst würde der Arbeiter sich seiner Familie widmen können und dann endlich einmal auch Zeit finden, an seiner geistigen Fortbildung zu arbeiten …

Die SPD beschloss 1890, den 1. Mai als „Feiertag der Arbeiter" dauerhaft einzuführen. Umgesetzt wurde dieser Beschluss aber erst fast 30 Jahre später.
2 *Sprecht darüber, ob es eurer Meinung nach noch immer wichtig ist, den 1. Mai zu feiern.*

Basel um 1850. Lisa, ein 16-jähriges Mädchen, ist neu in der Stadt. Als Arbeiterin in einer Seidenbandfabrik lernt sie die ausweglose Lage vieler Arbeiterinnen kennen: geringe Löhne, harte Fabrikordnungen, Heiratsbeschränkungen und Gesetzesdruck. Elsa, eine ihrer Kolleginnen, gerät in einen schlimmen Verdacht.

In der engen, verrußten Küche herrschte gespannte Stille. Frau Grabers Kostgängerinnen hatten sich wie jeden Abend auf die schmalen Holzbänke gezwängt. Die Frauen hielten ihre Köpfe tief über die weißen oder geblümten Teller gebeugt. Schweigsam löffelten sie ihre wässrige Kartoffelsuppe. Keine sagte ein einziges Wort. Nur das Klappern der Teller und Bestecke war zu hören. Lisa rührte lustlos in der gelblichen Brühe. Obwohl sie den ganzen Tag kaum etwas gegessen hatte, brachte sie keinen Bissen hinunter. Ihre Kehle war wie zugeschnürt. Trotz der körperlichen Nähe der anderen Frauen fühlte sie sich vollkommen allein. Beklommen schielte sie über ihren Teller hinweg zu Bettina und Anna. Auch sie schwiegen. Gedankenverloren bissen sie in das harte, dunkle Brot.

Kurz zuvor war es unter den Frauen zu einem heftigen Streit gekommen. Es ging um Elsa. Schon während des ganzen Tages war hinter vorgehaltener Hand über Elsa geflüstert worden. Die unglaublichsten Vermutungen hatten kursiert: Elsa habe ihr Kind zuerst mit ihren eigenen Händen erwürgt und erst dann in den Abtritt geworfen; oder sie habe mit wildem Lachen und den Worten „Ich hasse dich, du Wurm!" das kleine, hilflose Wesen in der Waschschüssel ertränkt. Und plötzlich wollten es viele schon immer gewusst haben: In Elsas scheuem Blick lag etwas Unehrliches. Was hatte sie sonst zu verbergen?

Immer fassungsloser hatte Lisa Bruchstücke dieser blutrünstigen Geschichte aufgeschnappt. Innerhalb eines Nachmittags war Elsa in den Erzählungen der Fabrikarbeiterinnen zu einer skrupellosen und gemeingefährlichen Person geworden. Diese Elsa besaß keine Ähnlichkeit mehr mit der unauffälligen Zettlerin[1] von früher. Und dennoch – hatten diese Schauergeschichten nicht einen wahren Kern? Wie wäre es sonst zu erklären, dass sie ihr Kind getötet hatte? Gab es ein schlimmeres Verbrechen? …

Plötzlich platzte Frau Graber in die Küche, den nassen Scheuerlappen in den Händen.

„Besuch für Lisa", sagte sie und deutete kurz mit dem Kopf auf den Flur. Lisa schrak hoch. Wer mochte das sein? …

Wie es mit Lisa weitergeht, könnt ihr nachlesen in dem Buch von Karin Grütter und Annemarie Ryter: Stärker, als ihr denkt. Ein Kapitel verschwiegener Geschichte. Carlsen Verlag, Hamburg 2000.

1 Eine Zettlerin verknüpft Seidenfäden.

Zusammenfassung

Technische Neuerungen

Die Industrialisierung begann im 18. Jahrhundert in England. Technische Erfindungen wie z. B. Spinnmaschinen führten zu einem radikalen Wandel in der Textilindustrie: Wenige Menschen konnten mithilfe der neuen Maschinen jetzt schnell, preiswert und in großen Mengen Waren produzieren. Durch die Erfindung der Dampfmaschine und der Lokomotiven konnten die Waren in kurzer Zeit überallhin befördert werden. In Deutschland begann die Industrialisierung erst spät. Die erste deutsche Eisenbahn fuhr 1835 von Nürnberg nach Fürth; 1836 wurde mit dem Bau der Fernstrecke Leipzig – Dresden begonnen. Schon 1834 hatten sich fast alle deutschen Länder zum „Deutschen Zollverein" zusammengeschlossen mit dem Ziel, einen ungehinderten Warenverkehr zu ermöglichen.

Eine herausragende Rolle bei der Industrialisierung nahmen Firmen aus dem Gebiet des heutigen Sachsen-Anhalt ein. Wichtige Wirtschaftsbereiche waren die Zuckerrübenindustrie, der Braunkohletagebau sowie der Abbau von Kalisalzen (Kunstdünger). Da diese Industrien gleichzeitig die Entwicklung und den Einsatz verschiedener Maschinen wie Dampfdreschmaschinen, Dampfpflüge oder Sämaschinen verlangten, wurde das Land auch im Maschinebau führend.

Soziale Folgen der Industrialisierung

Mit der Industrialisierung änderten sich in der Gesellschaft die Machtverhältnisse: An die Stelle des Adels traten jetzt die erfolgreichen Unternehmer, die in ihren Fabriken oft mehrere Tausend Menschen beschäftigten. Eine hervorgehobene Stellung besaßen auch die Angestellten, also Ingenieure, Buchhalter usw.

Die Arbeits- und Lebensbedingungen der Arbeiter waren häufig sehr schlecht: Verelendung aufgrund niedriger Löhne und hoher Arbeitslosigkeit, unzumutbare Arbeitsbedingungen und menschenunwürdige Wohnverhältnisse zählten zu den ungelösten Problemen der Arbeiter.

Lösungsversuche der sozialen Frage

Angesichts des Elends, in dem die Arbeiterfamilien leben mussten, wollten Kirchen und verantwortungsbewusste Unternehmer Verbesserungen für sie erreichen. Mit der Durchführung von Streiks, der Gründung von Gewerkschaften und schließlich von Arbeiterparteien konnten die Arbeiter ihre Situation schrittweise verbessern und auch das Wahlrecht erkämpfen. Das Frauenwahlrecht wurde aber erst 1918 in Deutschland eingeführt.

18. Jahrhundert

England wird zum Mutterland der Industriellen Revolution.

Um 1840

Beginn der Industrialisierung in Mitteleuropa und Deutschland.

Seit 1850

Die Landflucht lässt in den wachsenden Industriestädten Elendsquartiere entstehen.

1875

Gründung der Sozialdemokratischen Partei Deutschlands in Gotha.

Arbeitsbegriffe

✓ Industrielle Revolution
✓ Erfindungen
✓ Dampfmaschine
✓ Eisenbahn
✓ Unternehmer
✓ Industriearbeiter
✓ Kinderarbeit
✓ Gewerkschaften
✓ SPD

Was wisst ihr noch?

1 Wo begann die industrielle Revolution?

2 Warum spricht man von einer „Revolution"?

3 Welche Voraussetzungen machten die Industrialisierung möglich?

4 Zählt Erfindungen auf, die im 18. und 19. Jahrhundert gemacht wurden.

5 Warum war die Gründung des Deutschen Zollvereins 1833/34 so wichtig für die Industrialisierung Deutschlands?

6 Welche Arbeits- und Wohnbedingungen trafen die Menschen an, die im 19. Jahrhundert vom Land in die Städte zogen?

7 Wie versuchten die Kirche, einzelne Unternehmer und der Staat, die soziale Lage der Arbeiter zu verbessern?

Tipps zum Weiterlesen

Charles Dickens: David Copperfield.
    Ueberreuter, Wien 2002.

Els Pelgrom: Umsonst geht nur die Sonne auf.
    dtv, München 1992.

Michel Pierre: Die Industrialisierung.
    Union, Stuttgart 1992.

Ulrich Schefold: Die Welt der Eisenbahn.
    Südwest, München 1990.

Mann der Arbeit, aufgewacht!
Und erkenne deine Macht!
Alle Räder stehen still,
Wenn dein starker Arm es will.

1 Erstellt eine Mind-Map zur industriellen Revolution.

Voraussetzungen

Erfindungen und Entdeckungen

Industrielle Revolution

Ergebnisse

Folgen

2 Formuliert einen Lexikonartikel zur industriellen Revolution.

3 Friedrich List – ein Wirtschaftswissenschaftler:
Inwiefern kann er als Motor der industriellen Revolution in Deutschland gelten?

?

4 Schreibt den unten stehenden Text in euer Heft ab und ergänzt die Lücken mit den folgenden Wörtern:

🖉 = Armut – Fabriken – Disziplin – Löhne – Industrialisierung – Gehorsam – Unternehmer – abhängig – Industriearbeiter – kürzere – Angestellten – Arbeiterklasse

Mit der 🖉 änderten sich die Machtverhältnisse in der Gesellschaft. An die Stelle der Adligen traten jetzt die 🖉. Sie gaben in den 🖉 den Ton an und verlangten von ihren Arbeitern 🖉 und 🖉. Die 🖉 waren 🖉 vom Unternehmer, sie mussten lange arbeiten, bekamen nur geringe 🖉 und lebten in großer 🖉. Von dieser sogenannten 🖉 unterschieden sich die 🖉. Sie waren besser gestellt und hatten 🖉 Arbeitszeiten als die Arbeiter.

3. Wanderungen in der Geschichte

1685–1719

Im Wartesaal der Aufnahmestation von Castle Garden an der Südspitze von Manhattan – diese Szene, die Hubert von Herkomer (1849–1914) in seinem Gemälde festhält, erlebten unzählige andere Menschen auch: Sie verließen auf der Suche nach einem neuen Zuhause ihre Heimat und wanderten aus. Oft waren es in der Geschichte Klimakatastrophen und Hungersnöte, welche die Menschen dazu zwangen, die Heimat zu verlassen.

Aus welchen unterschiedlichen Gründen Menschen während des 18. und 19. Jahrhunderts einen Neuanfang in einem fremden Land wagten, darüber berichten die folgenden Seiten ...

19. Jh.

1890–1914

DEUTSCHE WANDERN IN DIE USA AUS

350 000 POLEN WANDERN INS RUHRGEBIET EIN

Hugenotten – vertrieben aus Frankreich ...

1 Hugenotten flüchten 1696 aus Frankreich. Kupferstich von Jan Luyken.

Ein König, ein Gesetz, ein Glaube

In Frankreich gab es zwei große christliche Glaubensrichtungen: Etwa neun Zehntel der Bevölkerung bekannten sich zum katholischen Glauben, ein Zehntel der Franzosen waren Protestanten. Sie wurden hier Hugenotten (= Eidgenossen) genannt. Zumeist handelte es sich um tüchtige und erfolgreiche Handwerker, Bauern und Händler. Sie waren der Meinung, dass Fleiß und Zielstrebigkeit bei Gott besonders zähle.

Die Hugenotten konnten lange Zeit ihren Glauben ungehindert ausüben, bis Ludwig XIV. (1638–1715) 1643 König von Frankreich wurde. Er war ein absoluter Herrscher. So wie es nur einen König und ein Gesetz geben konnte, so – meinte er – dürfe es in seinem Reich auch nur einen Glauben geben: den katholischen.

Am 18. Oktober 1685 ließ er deshalb folgende Anordnung in ganz Frankreich verkünden:

Q1 ... 1. ... gefällt es Uns, dass alle Kirchen der angeblich reformierten Religion, die in Unserem Königreich liegen, unverzüglich zerstört werden ...

2. Wir verbieten Unseren ... Untertanen von der ... reformierten Religion, sich noch ferner zu versammeln, um Gottesdienst ... zu halten ...

9. Wir verbieten ganz ausdrücklich ... allen Unseren Untertanen von der ... reformierten ... Religion, aus Unserem Königreich auszuwandern bei Strafe der Galeeren für die Männer und Einziehung von Leib und Gut für die Frauen ...

Trotz dieses Verbots flohen mehr als 200 000 Hugenotten aus Frankreich. In der Schweiz, in England, aber auch in verschiedenen deutschen Staaten fanden sie eine neue Heimat.

1 *Erklärt mithilfe des Textes und Q1, aus welchen Gründen die Hugenotten ihre Heimat verließen.*

2 *Seht euch die Abbildung 1 genau an. – Beschreibt, welche Fluchtmöglichkeiten es gab, was die Hugenotten auf ihrer Flucht mitnehmen konnten und was sie zurücklassen mussten.*

3 *Überlegt, warum der König den Hugenotten die Auswanderung verbot.*

... willkommen in Preußen

2 Kurfürst Friedrich Wilhelm von Brandenburg empfängt französische Flüchtlinge. Gemälde von Hugo Vogel, 1885.

Ein kurfürstliches Angebot

Zur gleichen Zeit, da in Frankreich die Hugenotten verfolgt wurden, regierte in Preußen Kurfürst Friedrich Willhelm I., der schon zu Lebzeiten „der große Kurfürst" genannt wurde. Preußen war infolge des Dreißigjährigen Krieges ein ausgeblutetes und entvölkertes Land. Die Bevölkerung ging durch Krieg, Hungersnöte und Epidemien* um fast die Hälfte zurück. Erfahrene Handwerker und Händler, tüchtige Bauern fehlten überall. Neue Arbeitskräfte müssen her – so dachte der König, und er lud die Hugenotten in sein Land ein. Diese folgten gerne seiner Aufforderung.

In einer Erzählung über die Ankunft von Hugenotten in Potsdam heißt es:

M1 … So kommen sie an vor Potsdam, der Stadt ihres künftigen Königs. Da ruft sie ein Befehl in den Garten vor das Schloss, dann tritt der Herr unter sie, in der Uniform eines Obersten. Er überblickt den weiten, von Menschen erfüllten Platz, von dem die summenden Stimmen gegen den Schlossbau schlagen. Er winkt einige der Leute zu sich her. Sie antworten in fremd klingenden Lauten, aber er fühlt es wohl, dass es das Evangelium ist, das ihnen die Kraft gab, die Heimat zu verlassen. Er überblickt sie noch einmal, er gewahrt den harten, trotzigen Arbeitswillen in ihren Gesichtern und vergisst es doch nicht, auf die saubere Ausführung ihrer Kleidung zu achten und er ruft ihnen zu: „Ihr sollt's gut bei mir haben!"…

Mit etwa 6000 Flüchtlingen hatte der König gerechnet, tatsächlich kamen über 20000 Menschen. Gemessen an der damaligen Bevölkerung war dies eine riesige Zahl. Jeder dritte Berliner war zu jener Zeit ein Franzose. Durch den Fleiß der Hugenotten kam es zur Gründung zahlreicher neuer Textilbetriebe, von Glas- und Luxusindustrien. Neue Sprach-, Ess- und Lebensgewohnheiten verfeinerten die noch rauen Sitten. Der Export kam in Schwung und neues Geld floss in die Kasse des Landesfürsten.

4 *Beschreibt Abbildung 2 und notiert stichwortartig, was der Kurfürst in dieser Situation gedacht haben könnte und was die Anführer der Hugenotten ihm gesagt haben mögen. Nehmt auch die Erzählung M1 zu Hilfe.*

5 *In seinem Testament schrieb der Kurfürst: „Menschen halte ich für den größten Reichtum." – Erklärt diese Aussage.*

Friedrich Wilhelm I. (1640–1688), der „Große Kurfürst". Gemälde von Adriaen Hannemann, um 1650.

Epidemie*:
Seuche, ansteckende Massenerkrankung.

Flucht vor Armut und Verfolgung

1 Auswanderer setzen vom Festland auf ein Segelschiff über, das sie nach Amerika bringen soll. Gemälde von Antonie Volkmar, 1860.

Auswanderung als letzte Chance?

Schon 1683 hatten die ersten deutschen Auswanderer in Amerika eine Siedlung gegründet, die sie „Germantown" nannten. Krankheiten, das ungewohnte Klima und Hunger machten den Einwanderern das Leben in den ersten Monaten sehr schwer. Bei manchen hieß ihre Siedlung daher zunächst einfach „Armentown". Doch allmählich besserte sich ihre Lage. Ihre Berichte machten auf die Daheimgebliebenen großen Eindruck. Immer mehr Menschen aus Deutschland folgten ihrem Beispiel.

Besonders in Zeiten bitterer Armut sahen viele Menschen in Europa in der Auswanderung nach Amerika ihre letzte Chance. Hungersnöte wie nach dem Dreißigjährigen Krieg (1610–1648) oder Überbevölkerung (siehe S. 59) und Arbeitslosigkeit im 19. Jahrhundert veranlassten Hunderttausende zur Massenauswanderung. Von den Behörden wurden sie manchmal regelrecht dazu gedrängt.

So wird über die Auswanderung von Menschen aus dem badischen Hotzenwald im Jahr 1851 berichtet:

Q1 … Die badischen Behörden sehen keinen anderen Ausweg, als die Hotzenwälder zur Auswanderung zu ermutigen. Die Staatskasse soll die Auswandungskosten übernehmen, da die Ausreisewilligen nicht einmal genügend Geld haben, um sich die für die Fahrt nötigen Kleider und Lebensmittel zu besorgen.

Im Mai 1851 verlassen allein aus der Pfarrei Herrischried und Rickenbach über 500 Menschen die Heimat, einem ungewissen Schicksal entgegen. Da die Kleider der Auswanderer fast durchweg „aus elenden Fetzen und Lumpen" bestehen und keiner ein paar ordentliche Schuhe besitzt, muss für sie gesammelt werden …

Die einzige Alternative zur Auswanderung bestand für viele darin, auf der Suche nach Arbeitsplätzen in die Industriegebiete zu ziehen. Diese Wanderungsbewegung innerhalb Deutschlands wird „Binnenwanderung" genannt.

Nach der gescheiterten Revolution von 1848 flüchteten auch Menschen aus den deutschen Ländern aus Angst vor politischer Verfolgung (siehe S. 21) nach Amerika.

1 *Spielt folgende Szene: Zwei Hotzenwalder diskutieren die Frage, ob sie bleiben, auswandern oder in eine Stadt mit Industriebetrieben ziehen sollen.*

„Mit Volldampf in die Zukunft"

2 Spuren der Einwanderung: deutsche Ortsnamen in den Südstaaten der USA.

Viele Gründe – ein Ziel

Im Auftrag des württembergischen Königs wurden 1817 Auswanderer nach ihren Gründen gefragt:

Q2 … Michael Munz, verheiratet, sechs Kinder, ist ohne alles Vermögen: Ich weiß weiter keine Ursache anzugeben, weswegen ich auswandere, als dass ich bei dem gegenwärtigen schlechten Verdienst und bei der großen Teuerung meine Familie nicht erhalten kann. Ich habe Nachricht von Verwandten in Amerika, welche es dort gut haben.

Carl Minner, Schneider, 34 Jahre alt, hat ein Kind: Man kann sich eben nicht mehr ernähren, weil das Handwerk nicht mehr geht und die Teuerung zu groß ist.

Johannes Schäufele: Wenn in Schorndorf nicht bald eine Änderung gemacht wird, so wandert die halbe Stadt aus. Vom Oberamtmann bis auf den Bettelvogt drückt alles auf den Bürger und der Bürger darf nicht sprechen. Wenn man vor den Beamten kommt, so gibt es ein Donnerwetter über das andere.

Friedrich Gerstäcker, ein Reiseschriftsteller des 19. Jahrhunderts, beschrieb die Menschen auf einem Auswanderungsschiff:

Q3 … „Nach Amerika", flüstert der Verzweifelte, der hier am Rand des Verderbens dem Abgrund langsam aber sicher entgegengerissen wurde. „Nach Amerika", sagt still und entschlossen der Arme, der mit männlicher Kraft, und doch immer und immer wieder gegen die Macht der Verhältnisse ankämpft … „Nach Amerika", lacht der Verbrecher nach glücklich verübtem Raub … Wir sehen sie ziehen: Gute und Böse, den Leichtsinnigen und den Spekulanten, den Bauern und Handwerker, den Gelehrten und den Arbeiter, den rechtschaffenen Bürger und den heimlichen Verbrecher – alle dem einen Ziel entgegen …

2 Formuliert mithilfe der Berichte (Q1 bis 3) Ursachen und Motive für die Auswanderung.
3 Seht euch die Abbildung 1 an. Beschreibt die dargestellten Personen. Welche Hoffnungen, welche Ängste mögen sie gehabt haben?
4 Stellt mithilfe der Karte 2 in einer Liste zusammen, woher die deutschen Einwanderer kamen.

Auswanderungswillige wurden während des 19. Jahrhunderts von Agenten angeworben.

1 **Zwischendeck eines Auswandererschiffes mit Schlafstellen.** Kolorierte Postkarte, um 1900.

Irland 1845: Harte Zeiten liegen hinter der 16-jährigen Kate: Die Kartoffelfäule, der Hunger, das ständige Leben am Existenzminimum. Da ist ihr Entschluss, zusammen mit ihrem Bruder Liam und dessen bestem Freund Tom nach Boston auszuwandern, mehr als nur ein Hoffnungsschimmer. Doch die Reise verlangt ihr nahezu Übermenschliches ab …

Als es Zeit war, an Bord zu gehen, legte Grace Kate die Hände auf die Schultern und gab ihr einen Kuss auf die Stirn. Danach schüttelte sie Liam fest die Hand. „Viel Glück euch beiden", sagte sie, „und kommt wieder." Sie winkte ihnen ein letztes Mal zu, als Kate oben auf der Gangway noch einmal stehen blieb und sich umdrehte. Als sie die beiden nicht mehr sah, ging sie mit gesenktem Kopf fort.

Schließlich befanden sich alle Passagiere an Bord. Sie waren erpicht darauf abzufahren und wurden darin durch die Rufe der Schiffsbesatzung bestärkt. Nur das Weinen ihrer Angehörigen, die sie zurückließen, hielt sie zurück. An Bord drängten alle eine Leiter zum Unterdeck hinunter. Sie rauften sich regelrecht um die angeblich besten Plätze. Allerdings gab es weder Kajüten noch Kojen für die Passagiere. Da sich niemand mit den Bedingungen auf hoher See auskannte, hatten sie auch keine Ahnung, welche tatsächlich die besten Plätze waren. Die Juno war vor über fünfzig Jahren als Küstenfrachtschiff gebaut worden. Um es für Passagiere tauglich zu machen, waren lediglich die Zwischenwände im Rumpf entfernt worden, so dass das Unterdeck aus einem einzigen großen Raum bestand. Dort drängten sich nun an die neunzig hoffnungsvolle Passagiere. Der Boden bestand aus grob zugesägten wackligen Holzplanken. Nervös behielten alle ihre Kleiderbündel im Blick und fragten sich, wie sie da schlafen sollten. Selbst ein Strohhaufen war bequemer als die absplitternden Planken, die ihnen als Bett dienten. Auf dem Oberdeck stand ihnen ein Gemeinschaftsherd zur Verfügung. Der kastenförmige Steinofen war mit Holz ummantelt und hatte in der Mitte einen vergitterten Feuerkasten. Mehrere Familien machten es sich am warmen Ofen bequem. Sie bedachten nicht, dass die Hitze, der Rauch und die ungehindert auf die Decksplanken scheinende Sommersonne den Platz bald zu einem alles andere als angenehmen Aufenthaltsort machen würden. Jetzt jedoch, zu Beginn der Reise, wachten sie mit Eifersucht über ihren Platz. Sie machten sich dort so breit wie nur möglich, damit andere sie ja nicht einzwängten, und bauten ihre jämmerlichen Habseligkeiten festungsartig um sich herum auf … Unten in der Dunkelheit nahm Liam Kates Hand und stellte fest, dass sie zitterte. Sie hatten sich einen Platz am vordersten Schott gesichert. Auf den Knien hockend, nahmen sie ihre Mitreisenden in Augenschein, die sie sich nicht hatten aussuchen können …

Wie die Reise in die „Neue Welt" für Kate und Liam weitergeht und was sie in Boston erwartet, könnt ihr weiterlesen bei Michael Smith: Boston! Boston! Deutscher Taschenbuch Verlag, München 1999.

Die Ankunft in Amerika

Room in the
left ear to let

International
Tenement-House
All are welcome
Rates $ 1.00 per week

Tobacco

Lager Beer

Fritz Garlach
Lager Bier

Stop here
for Spagghetti
Carlo Italiano

1 Die Freiheitsstatue als Einwandererstation und Kramladen. Karikatur, um 1890.

Wer nach Amerika auswanderte, kam meist in einem Hafen an der Ostküste an. Die wichtigste Aufnahmestation für Einwanderer war zunächst Castle Garden. Die frühere Militärbefestigung an der Südspitze von Manhattan/ New York war 1855 als Einwandererstation eingerichtet worden. Bis 1890 kamen hier etwa 8,2 Millionen Immigranten* an.
Für die meisten von ihnen verkörperte die 1886 errichtete Freiheitsstatue das Symbol der Freiheit und das Gefühl, angekommen zu sein. Doch mit der wachsenden Zahl der Einwanderer bekam die Freiheitsstatue ein anderes Gewicht.

1 *Welche Emotionen sollen bei den Auswanderern hervorgerufen werden?*
2 *Mit welchen Speisen und Getränken wird geworben?*
3 *Wie viel kostet eine Unterkunft pro Woche?*
4 *Überlegt, inwiefern die Einwanderer als Wirtschaftsfaktor immer wichtiger wurden. – Welche Art von Waren mussten die Einwanderer kaufen, die weiter nach Westen zogen?*

Emigranten*:
Auswanderer.

Immigranten*:
Menschen, die in ein Land einwandern.

Leben in der neuen Welt

1 Aus dem Neu-Ruppiner Bilderbogen, um 1838.

2 Aus dem Neu-Ruppiner Bilderbogen, um 1838.

Traum und Wirklichkeit

New York war für die Einwanderer oft nur der Anfang auf der Suche nach einem gesicherten Lebensunterhalt. Von den Städten der Ostküste zogen viele Deutsche weiter nach Westen, um Land zu erwerben.

In dem Brief eines Einwanderers aus dem Jahr 1760 heißt es:

Q1 … Es gibt so viel gutes Land, das noch unbestellt ist, dass ein jung verheirateter Mann ohne Schwierigkeiten ein Stück Grund und Boden erwerben kann, auf dem er mit Frau und Kindern ein zufriedenstellendes Auskommen hat.

Jeder, der Gott als Schöpfer, Erhalter und Herrscher aller Dinge anerkennt und nichts gegen den Staat oder den allgemeinen Frieden unternimmt, kann sich hier frei niederlassen … Und er wird durch die Gesetze so in seiner Person und seinem Eigentum geschützt und genießt solche Freiheiten, dass man von einem Bürger hier geradezu sagen kann, er lebe in seinem Haus wie ein König.

Doch nicht immer waren die Verhältnisse so angenehm. Viele Einwanderer mussten im-

mer wieder den Wohnort oder den Beruf wechseln, um Geld zu verdienen. Zu ihnen gehörte auch Louis Dilger. Er wanderte 1880 nach Amerika aus, weil er als Bäcker keine Arbeit fand. In St. Louis musste er bald seinen erlernten Beruf aufgeben. Er wurde zunächst Fuhrmann, dann Arbeiter im Maschinenbau, Rohrleger, Waggonbauer, Packer und Parkarbeiter.

In einem Brief vom 28. Januar 1894 an seine Verwandten in Deutschland schrieb er:

Q2 St. Louis 1894

… Lieber Wilhelm, hier sind die Zeiten so schlecht, wie ich sie noch nicht gesehen habe in den 13 Jahren, die ich hier bin. Alle Arbeit und Gewerbe stocken, Hunderttausende ohne Verdienst, dabei die Lebensmittel sehr teuer mit Ausnahme von Mehl.

Doch bin ich bis jetzt noch immer glücklich, indem ich noch immer Arbeit habe. Wir haben uns einen Lohnabzug von zehn Prozent gefallen lassen müssen.

1 *Beschreibt mit Hilfe der Abbildungen 1 und 2 sowie von Q1 und 2 „Traum und Wirklichkeit" für die Einwanderer.*

Europäer in Amerika oder Amerikaner?

3 **Leben und Überleben in der neuen Welt.** Straßenmarkt in einem New Yorker Einwandererviertel, 1908.

Was ist ein Amerikaner?

„Ich kann den Blick nicht von euch wenden", so beginnt das Gedicht „Die Auswanderer" von Ferdinand Freiligrath.
Es endet mit einer Frage und einer Warnung:
Q3 … O sprecht! Warum zogt ihr von dannen?
Das Neckartal hat Wein und Korn;
der Schwarzwald steht voll finstrer Tannen
im Spessart klingt des Älplers Horn.

Wie wird es in den fremden Wäldern
euch nach der Heimatberge Grün
nach Deutschlands gelben Weizenfeldern
nach seinen Rebenhügeln ziehn!

Freiligrath irrte sich. Zwar gab es Auswanderer, die von der „Neuen Welt" enttäuscht wurden, die nicht Fuß fassen konnten und in ihre alte Heimat zurückkehrten, doch die überwiegende Mehrheit fühlte sich in Amerika bald heimisch.
In den letzten 300 Jahren wurden Millionen Deutsche zu Amerikanern. Hinzu kamen Franzosen, Iren, Engländer, Niederländer usw. – Sie alle wuchsen zu einer neuen Nation zusammen.

Ein Einwanderer schrieb im Jahr 1782:
Q4 … Wer durch unsere ländlichen Gebiete reist, sieht kein feindseliges Schloss und kein stolzes Herrenhaus im Kontrast mit armseligen Lehmhütten, wo Vieh und Menschen einander wärmen müssen und in Dürftigkeit und Elend wohnen …
Was ist eigentlich ein Amerikaner, diese neue Art Mensch? Er ist kein Europäer und auch nicht Nachkomme eines Europäers; er ist eine seltsame Mischung, die es nirgendwo sonst auf der Welt gibt.
Ich kenne einen Mann, dessen Großvater Engländer war, dessen Frau Holländerin war, dessen Sohn eine Französin heiratete, und dessen vier Söhne jetzt Frauen von vier verschiedenen Nationalitäten haben.
Er ist Amerikaner.

2 *Sucht eine Erklärung dafür, dass aus Angehörigen verschiedener Nationen in kurzer Zeit Amerikaner wurden.*
3 *Erarbeitet Gemeinsamkeiten und Unterschiede in den Briefen Q1, 2 und 4. Überlegt, was bei der Untersuchung von Briefen zu beachten ist.*

Herkunft der Menschen in den Kolonien, 1790.

Irland und Frankreich
90 000

Holland
79 000

Afrika
757 000

Deutschland
176 000

Schottland
222 000

England und Wales
2 606 000

Einwanderer damals ...

1 Deutsch-polnische Belegschaft der Zeche „Graf Schwerin". Foto, 1925.

Die Industrie braucht Arbeiter

Mit der zunehmenden Industrialisierung wuchs auch der Bedarf an Arbeitskräften. In die großen Industriezentren wie beispielsweise das Ruhrgebiet zogen jetzt vor allem Landarbeiter aus dem Osten des Deutschen Reiches und aus Polen. Versprochen wurde ihnen von den Großbetrieben eine „neue Heimat". In dem Aufruf der Zeche „Victor" in Rauxel aus dem Jahre 1908 heißt es:

Q1 … In rein ländlicher Gegend … liegt, … abseits vom großen Getriebe des westfälischen Industriebezirkes, eine reizende, ganz neu erbaute Kolonie der Zeche „Victor" bei Rauxel. Diese Kolonie besteht vorläufig aus über 40 Häusern. In jedem Hause sind nur vier Wohnungen, …
Zu jeder Wohnung gehört ein sehr guter, hoher und trockener Keller, so dass sich die eingelagerten Früchte, Kartoffeln usw. sehr gut erhalten werden. Ferner gehört dazu ein geräumiger Stall, wo sich jeder sein Schwein, seine Ziege oder seine Hühner halten kann … Endlich gehört zu jeder Wohnung auch ein Garten … .So kann sich jeder sein Gemüse, sein Kumpst (Sauerkohl) und seine Kartoffeln, die er für den Sommer braucht, selber ziehen …

Diesem und ähnlichen Aufrufen anderer Zechen folgten so viele polnische Landarbeiter, dass in manchen Städten des Ruhrgebiets ein Drittel der Bevölkerung Polen waren. Schon am Ende des 19. Jahrhunderts sprach ein Drittel der Kinder in Gelsenkirchen Polnisch.
Polen kamen aber nicht nur in das Ruhgebiet, sondern auch nach Anhalt. Unter den etwa 2000 Beschäftigen der Piesteritzer Werke in Wittenberg gab es so viele polnische Arbeiter, dass man für sie in der Werkssiedlung eine katholische Kirche baute. Sie wurden hier ebenso schnell heimisch wie die fast 500 000 Polen im Ruhrgebiet.
Nur die Namen erinnern heute noch an ihre ursprüngliche Herkunft.

1 *Lest Q1 genau durch und besprecht, warum sich von derartigen Aufrufen gerade Landarbeiter angesprochen fühlten.*
2 *Spielt folgende Situation: Eine polnische Landarbeiterfamilie liest den Aufruf der Zeche „Victor" und diskutiert, ob sie in das Ruhrgebiet ziehen soll.*
3 *Überlegt, welche Probleme sich aus dem Zuzug so vieler Menschen, die die deutsche Sprache nicht beherrschen, ergeben können.*

... und heute

2 Bild aus einem Schülerprojekt zum Thema Integration. Foto, 2009.

3 Schülerinnen einer multikulturellen Klasse. Ihre Eltern stammen aus Kenia, Marokko, Pakistan, Russland, Eritrea und Deutschland. Foto, 3.9.2009.

Miteinander oder Gegeneinander?

In Dessau gibt es seit 1993 ein „Multikulturelles Zentrum". In seiner Rede zum 10-jährigen Bestehen sagte der damalige Bundestagspräsident Wolfgang Thierse:

Q2 … Seit zehn Jahren besteht das Multikulturelle Zentrum in Dessau. In dem Haus, welches ein Ort der Begegnung für Menschen ganz unterschiedlicher Herkunft ist, arbeiten Männer und Frauen für die Integration ihrer ausländischen Mitbürgerinnen und Mitbürger … Bürgerkriegsflüchtlingen, Asylbewerbern, Russlanddeutschen, so genannten Kontigentflüchtlingen, Menschen, die schon seit DDR-Zeiten hier leben oder aber nach der Wende nach Sachsen-Anhalt gekommen sind und vielen anderen mehr: Ihnen allen steht das Multikulturelle Zentrum offen.

Ihre persönlichen Schicksale, ihre Sorgen, ihre teilweise bitteren Erfahrungen bringen sie mit in der Hoffnung, Rat, aber möglicherweise auch Trost zu finden. Damit ist das Multikulturelle Zentrum auch ein Ort der Begegnung und Verständigung geworden … .

Aber das Multikulturelle Zentrum arbeitet nicht nur nach innen gerichtet, sondern seine Mitarbeiterinnen und Mitarbeiter suchen auch die Verständigung mit den Bürgerinnen und Bürgern dieser Stadt, dieses Landes. Darin liegt der ebenso wichtige, andere Teil der Integrationsarbeit. Um ein Zusammenleben zwischen Deutschen und Ausländern zu organisieren, das frei ist von Vorurteilen und geprägt ist von Respekt, dazu braucht man Vermittler. Menschen, die sich in beiden Kulturkreisen auskennen: In dem der Mehrheitsgesellschaft und in dem des Zugewanderten. …

Konflikte zwischen, ich sage mal, Einheimischen und Zugewanderten gibt es in dieser Stadt, in Sachsen-Anhalt, in der gesamten Bundesrepublik, ja überall auf der Welt. … Konflikte, die sich aus unterschiedlichen Interessen, aber auch aus unterschiedlichen Weltanschauungen ergeben, sind überhaupt nicht zu vermeiden, und sie sollten auf gar keinen Fall verschwiegen oder unter den Teppich gekehrt werden. …

Konflikten dieser Art müssen wir uns stellen und sie miteinander aushandeln. Wichtig ist, dass wir fair miteinander umgehen, dass nicht der eine auf Kosten des anderen Emotionen schürt. … .

4 *Informiert euch bei der Stadtverwaltung, ob es in eurem Ort eine ähnliche Einrichtung wie das „Multikulturelle Zentrum" gibt. Ladet nach Möglichkeit einen Mitarbeiter in eure Klasse ein, der euch von seinen Erfahrungen berichten kann.*

5 *Wenn es in eurem Ort, vielleicht auch an eurer Schule, Probleme im Zusammenleben zwischen „Einheimischen und Zuwanderern" gibt, dann versucht gemeinsam eine Lösung zu erarbeiten.*

6 *Entwerft ein Plakat, auf dem ihr zu Verständigung und Respekt im Zusammenleben aller Bürger eures Ortes aufruft.*

1 Schülerinnen und Schüler im Gespräch mit dem 82-jährigen H. Schleger.

In diesem Kapitel habt ihr von Menschen erfahren, die ihre Heimat verlassen haben. Auch in eurer Klasse könnt ihr sicherlich Spuren von „Wanderungen" feststellen. Manche eurer Mitschülerinnen und Mitschüler sind aus einer anderen Stadt zugezogen. Einige sind aus der Türkei, aus Griechenland oder aus Spanien eingewandert, weil ihre Eltern hier in Deutschland arbeiten. Manche kamen als Spätaussiedler aus Russland oder Kasachstan. Wieder andere sind vielleicht mit ihren Eltern vor dem Krieg aus ihrer Heimat geflohen oder suchen bei uns Schutz vor Verfolgung.

Was ist eine Zeitzeugen-befragung?

Nicht nur in eurer Klasse sitzen Mitschülerinnen und Mitschüler, die einmal zusammen mit ihren Eltern und Geschwistern ihre Heimat verlassen haben. Es gibt viele Menschen, die erst vor kurzem oder vor fünf, zehn oder schon vor 20 Jahren zu uns gekommen sind. Sie erinnern sich noch gut daran, warum sie ihr Zuhause verlassen haben, mit welchen Vorstellungen sie abgereist sind und wie die erste Zeit in Deutschland verlaufen ist. Befragungen solcher Zeitzeugen bieten einen direkten Zugang zur Geschichte, die dem Interviewer gewissermaßen gegenübersitzt. In der Geschichtswissenschaft bezeichnet man diese Methode als „Oral history" oder „Geschichte von unten".

Die folgenden Schritte können euch helfen, eine Zeitzeugenbefragung durchzuführen.

1. Schritt
Befragung vorbereiten
– Thema, Ziel der Befragung klären.
– Informationen zur Vorbereitung sammeln (z. B. über die Zuwanderergruppe, über den geschichtlichen Zusammenhang).
– Fragen vorbereiten, Fragebogen erstellen.

2. Schritt
Kontakt mit Zeitzeugen aufnehmen
– Zeitzeugen suchen (z. B. in der Familie, im Freundes- oder Verwandtenkreis, durch Anfragen bei Parteien, Kirchen oder Gewerkschaften, in der Stadt- oder Gemeindeverwaltung, evtl. durch Artikel in der Tageszeitung).
– Ort, Zeit, Ablauf, Aufnahmetechnik (Schriftform, Kassettenrekorder, Videokamera), Verwertung (z. B. Artikel in der Schülerzeitung) und Auswertung (Diagramm, Wandzeitung, Ausstellung usw.) der Befragung klären.

3. Schritt
Befragung durchführen
– Fragen stellen (evtl. abweichend vom Fragebogen, nachfragen); Antworten protokollieren.

4. Schritt
Ergebnisse auswerten
– Befragungsergebnisse besprechen und einordnen.
– Ergebnisse dokumentieren und präsentieren.
– Befragung kritisch bewerten: Was ist gut gelaufen, was müsste man ändern?

Zusammenfassung

Wanderungen gab es immer
Zu allen Zeiten der Geschichte haben Menschen ihre Heimat verlassen und versucht, in einem fremden Land Aufnahme, Schutz und ein neues Zuhause zu finden.

Die Hugenotten
In der neueren Geschichte sehen wir, dass Menschen aus religiösen Gründen ihre Heimat verlassen mussten. Die Hugenotten flohen in den Jahren von 1685 bis 1719 aus Frankreich, weil sie wegen ihres protestantischen Glaubens verfolgt wurden. Die Schweiz, England und auch Brandenburg/Preußen nahmen sie auf. In den Aufnahmeländern spielten die oft wohlhabenden und wirtschaftlich fortschrittlichen Hugenotten eine entscheidende Rolle in der Wirtschaftsentwicklung des Landes.

Auswanderungswelle nach Amerika
Die Auswanderung nach Amerika hatte im 19. Jahrhundert politische, aber immer auch wirtschaftliche Gründe. Die große wirtschaftliche Not vor und zu Beginn der Industrialisierung im 19. Jahrhundert war der Hauptantrieb zum Auswandern. Amerika – das Land der unbegrenzten Möglichkeiten – lockte mit seiner Größe und den Chancen, die es in Europa nicht gab. Oft wurde der Traum vom Aufstieg aber bitter enttäuscht. Etwa 20 Prozent der Auswanderer kehrten nach Deutschland zurück.

Wanderung der polnischen Arbeiter
Im 19. Jahrhundert verließen viele Polen ihre Heimat, um im Ruhrgebiet ihr Glück, aber vor allem Arbeit zu finden. Da im Ruhrgebiet wegen der zunehmenden Industrialisierung der Bedarf an Arbeitskräften wuchs und durch die einheimischen Landarbeiter nicht mehr gedeckt werden konnte, wurden polnische Arbeiter aus dem Osten des Kaiserreiches und aus Polen gezielt angeworben. Dies führte zu einem erheblichen Anstieg der polnischen Bevölkerung im Ruhrgebiet. Doch kamen nicht nur polnische Arbeiter ins Ruhrgebiet, sondern auch nach Anhalt.

1685–1719

Die Hugenotten müssen aus Frankreich fliehen.

19. Jahrhundert

Mehrere Millionen Deutsche wandern nach Amerika aus.

Ende des 19. Jahrhunderts

Polen suchen Arbeit im Ruhrgebiet.

Arbeitsbegriffe

✓ Wanderungen/Migration
✓ Emigration
✓ Immigration
✓ Religiöse Motive
✓ Flucht vor Armut
✓ Flucht vor politischer Verfolgung
✓ Binnenwanderungen
✓ 18./19. Jahrhundert

Was wisst ihr noch?

1 Wohin wanderten Deutsche im 18. und 19. Jahrhundert aus?
2 Welche Gründe hatten die Auswanderer, ihre Heimat zu verlassen?
3 Mit welchen Problemen mussten die Auswanderer fertig werden?
4 Welche Alternativen anstelle der Auswanderung gab es?
5 Welche Erwartungen hatten die Aufnahmeländer an die Auswanderer?
6 Welche Folgen hatte das Zusammengehörigkeitsgefühl der deutschen Emigranten?
7 Überlegt, ob sich die Gründe für die Auswanderung heute im Vergleich zu früher geändert haben.

Tipps zum Weiterlesen

Michael Smith: Boston! Boston! Deutscher Taschenbuch Verlag, München 1999

Willi Fährmann: Kristina, vergiss nicht. Arena Verlag, Würzburg 1995

Ursula Wölfel: Mond, Mond, Mond. Bertelsmann Verlag, München 2000

Tipps im Internet

www.hugenottenmuseum.de/hugenotten/flucht.php

http://de.wikipedia.org/wiki/Geschichte_der_Deutschen_in_den_Vereinigten_Staaten

http://www.exil-club.de/dyn/411.asp?Aid=126&Avalidate=126918971&cache=36035
(Stichworte: „Deutsche in Amerika", „Polen in Deutschland")

1 Ergänzt im folgenden Lückentext die fehlenden Begriffe und schreibt den Text in euer Heft.

Menschen verlassen ihre Heimat

In der Wissenschaft versteht man unter dem Begriff „Wanderungen", dass Menschen ihr heimatliches Wohngebiet verlassen, um sich in der Fremde niederzulassen. Diese Form der Wanderungen wird auch als ✎ bezeichnet.

Im 17. Jahrhundert setzte mit der Aufhebung der ✎ durch den französischen König Ludwig XIV. in Frankreich eine Verfolgung der evangelischen Christen ein, die man ✎ nannte. Mehr als 200000 Menschen flüchteten. Die oft wohlhabenden und wirtschaftlich fortschrittlichen Hugenotten spielten in den Aufnahmeländern eine entscheidende Rolle in der ✎ des Landes.

Religiöse, politische, aber vor allem ✎ veranlassten im 19. Jahrhundert viele Deutsche zur ✎ nach Amerika. Dort war man auf die Emigranten angewiesen, da man dringend tüchtige Handwerker und Händler brauchte.

Mit dem Rückgang der Arbeitsplätze in der Landwirtschaft oder im Textilgewerbe sahen viele Menschen eine Alternative zur Auswanderung nur in der Wanderung innerhalb ihres Landes. Arbeitsplatzsuchende zogen in die Industriestädte oder sie zogen als ✎ im Frühjahr in wirtschaftlich günstige Arbeitsgebiete und kehrten nach der Arbeitssaison in ihre Heimat zurück. Diese Art der Wanderung nennt man ✎ .

✎ = Religionsfreiheit – Auswanderung – Wanderarbeiter – Hugenotten – Migration – wirtschaftliche Gründe – Binnenwanderung – Wirtschaftsentwicklung

2 Betrachtet die Karikatur auf Seite 86 und klärt, was damit gemeint ist.

3 Warum wird der Mensch auf der Abbildung rechts mit Wurzeln an den Schuhen dargestellt?

4. Methodenpraktikum:
Neue „Heimat" – und dann? –
Sachtexte untersuchen und verfassen

Im vergangenen Kapitel habt ihr verschiedene Beispiele für Wanderungsbewegungen in der Geschichte kennengelernt. Für viele Menschen war schon der Weg in die neue Heimat äußerst beschwerlich – dann musste in der neuen Heimat Fuß gefasst werden.
In diesem Kapitel könnt ihr diesen Prozess der Anpassung an die neue Heimat am Beispiel der Auswanderungen nach Amerika und am Beispiel einer Schülerin heute untersuchen. Dabei helfen euch Sachtexte. Am Ende könnt ihr eure Erkenntnisse in einem eigenen Text darstellen.

1 Zeitungen an einem Kiosk. Foto, 2009.

Texte, Texte, Texte …

Fette Überschriften „schreien" uns täglich von den Zeitungsständern an Kiosken oder Supermärkten förmlich an. Auch im Internet, auf der Suche nach Informationen, begegnen uns viele verschiedene Arten von Texten – und erschlagen uns förmlich mit ihrer Fülle an Fakten und Sachinformationen, obwohl wir ja eigentlich nur eine kurze Sachinformation wollten. Doch was sind überhaupt alles Sachtexte?

1 Lest euch die Übersicht M1 durch. Versucht anschließend die Materialien auf der S. 91 den Sachtextgruppen a–d in M1 zuzuordnen. Begründet eure Einordnung.

2 Tragt selbst Sachtexte zusammen und sortiert sie im Rahmen einer Wandzeitung (Methode S. 110) den Sachtextgruppen M1 zuzuordnen.

M1 Was sind Sachtexte?

Als Sachtexte werden alle geschriebenen Texte bezeichnet, deren Absicht es ist, mithilfe von Fakten über einen bestimmten Sachverhalt zu informieren. Dies sind folgende Texte:

a) Informierende, darstellende Sachtexte:
   Z. B. Bericht, Lexikonartikel, wissenschaftliche Veröffentlichung

b) Argumentative, erörternde Sachtexte
   die dem Leser eine bestimmte Meinung zu einem Sachverhalt mitteilen wollen, z. B.
   – Zeitungsartikel
   – Kommentar
   – Glosse

c) Beeinflussende Sachtexte
   die den Leser zu einem bestimmen Verhalten aufrufen wollen,
   z. B.
   – Reden
   – Wahlprogramme
   – Gesetze
   – Werbung

d) Ausdrucksbetonte Sachtexte:
   Z. B. Tagebuch, persönlicher Brief

Häufig mischen sich diese Textformen auch und sind deshalb nicht klar voneinander zu trennen.
Um einen Sachverhalt darzustellen oder eine bestimmte Meinung zu vertreten, werden auch Bilder, Statistiken oder Diagramme herangezogen und gehören daher auch zum Sachtext.

Ostpreußen 1945: flüchtende Deutsche auf dem Frischen Haff. Das deutsche Vertriebenengesetz macht keinen Unterschied zwischen Flucht und Vertreibung.

Vom Umgang mit einer europäischen Tragödie

VON FRANK HEROLD

BERLIN, 4. September. Wenn Bundeskanzler Gerhard Schröder (SPD) am Freitag in Prag mit seinem tschechischen Amtskollegen Vladimir Spidla zusammenkommt, soll das Thema „Vertreibung der Sudetendeutschen" nur ganz am Rande besprochen werden, hieß es im Vorfeld. Dieser deutsch-tschechische Gipfel war schon vor anderthalb Jahren geplant und dann abgesagt worden, weil die Vertreibungen nach dem Zweiten Weltkrieg plötzlich wieder den deutsch-tschechischen Dialog belasten. Der damalige tschechische Ministerpräsident Milos Zeman hatte seinerzeit in einem Interview die Sudetendeutschen als fünfte Kolonne Hitlers bezeichnet und damit die leidige Kollektivschuld-These wie-

handeln, nährte den Verdacht, es solle ein deutsches „Vertriebenenmuseum" errichtet werden.

Gegen den Standort Berlin für ein „Zentrum gegen Vertreibungen" haben sich inzwischen auch Schröder und Bundesaußenminister Joschka Fischer (Grüne) ausgesprochen. Der tschechische Premier Spidla lehnt die Idee grundsätzlich ab. Er plädierte dieser Tage dafür, ein „Europäisches Zentrum zur Erforschung der Gründe und Folgen von Kriegen" einzurichten. Das Thema „Vertreibungen" dürfe nicht aus diesem Kontext herausgelöst werden.

„Diese Entscheidungen sind unumgänglich, aber gleichzeitig eine grundschlechte und brutale Lösung, für die die Welt noch hundert Jahre wird bitter bezahlen

zögerungsstrategie" zu Lasten der Vertriebenen und für die Pflege alter Feindbilder. Mit der Forderung nach einem europäischen Ansatz würden offene Türen eingerannt, auch der BdV habe einen europäischen Ansatz im Sinn. Wer sich auf der Internet-Seite des Verbandes informiert, findet in dem BdV-Konzept tatsächlich den Anspruch formuliert, „die Vertreibung anderer Völker erfahrbar zu machen". Ein paar Zeilen weiter wird ausgeführt, wie das geschehen soll: Die Dauerausstellung wäre dem „Schicksalsweg der deutschen Heimatvertriebenen

men könnte. Karl Schlögel, ebenfalls Historiker, plädiert schon seit Jahren dafür, die Geschichte der Verschiebung ganzer Völker, die bisher nur getrennt oder sogar gegeneinander erzählt wurden, in ihren Zusammenhang zu stellen. Dafür hatte er 1996 gemeinsam mit seinem Kollegen Götz Aly das Projekt „Staatliche Gewalt und Bevölkerungsbewegungen in Ost- und Ostmitteleuropa im 20. Jahrhundert" ausgearbeitet, das auf die Einrichtung einer Forschungsstelle an der Viadrina abzielte. Der Antrag sei seinerzeit von der Wissenschaftsförderung zuständigen Institutionen abgelehnt worden.

Schon der Titel des Projektes von Schlögel und Aly, aber auch die Ansätze anderer Historiker verweisen auf einen gewaltigen zeitlichen, geografischen, ideologischen und

2 Aus einem Zeitungsartikel.

Detroit 1855

Und dann ist es auch noch das Schlimmste mit der Sprache … . Wer hier in Amerika fleißig und arbeitsam ist, der hat keine Noth. Nur muss er sich etwas gefallen lassen, solange er nicht die Sprache kann und wenn er mal gelernt hat mit den Amerikanern umzugehen, geht es besser … . Aber jetzt hier in Amerika ist er [der Johannes] sehr vergnügt und glücklich wie es sich ein Mensch hier auf dieser Welt wünschen kann. Aber es wäre noch immer etwas, das ihm die Zufriedenheit wegnimmt, das ist die englische Sprache die fällt ihm schwer zu lernen, in dem er hat keine Gelegenheit, die Englische Sprache zu lernen. Er arbeitet in dem Laden, dann kommt er bloß alle acht Tage in die Stadt, das er sich Arbeit holt, sonst sitzt er bei uns auf dem Tisch und spricht Plattdeutsch … .

3 Aus einem Brief des Amerika-Auswanderers Joseph Rhode an seinen Bruder 1855.

Auswanderer Zu allen Zeiten wanderten Menschen aus politischen, religiösen und sozialen Gründen in andere Länder aus. Als Beispiel seien die deutsche ▶ Ostsiedlung und die ▶ Hugenotten genannt. Eine weitere Auswanderungswelle begann um 1800, als in den meisten Staaten Europas die leibeigenen Bauern frei wurden. Viele von ihnen suchten außerhalb der Landwirtschaft Arbeit, fanden aber keine, da die ▶ Industrielle Revolution in vielen Ländern erst um die Mitte des 19. Jh.s begann oder intensiver wurde. Auch das durch bessere Ernährung und medizinische Versorgung verursachte Bevölkerungswachstum machte sich bemerkbar. Der Überhang an Arbeitskräften drückte die Löhne oft auf das Existenzminimum.

Wegen begrenzter Aufnahmefähigkeit der Einwanderungsländer blieb die Zahl der Auswanderer aber noch niedrig. Obwohl die soziale wie die politische Lage sich um die Mitte des 19. Jh.s in den meisten Ländern Europas besserte und religiöse Probleme kaum mehr eine Rolle spielten, setzte aber eine Massenauswanderung ein, als der Eisenbahnbau in Übersee neuen Lebensraum erschloss und die Dampfschifffahrt die Reisekosten senkte. Wie viele Menschen Europa verlassen haben, wissen wir nicht genau, denn Statistiken fehlen oder sind unzuverlässig. Die Zahl der deutschen Auswanderer wird für die Jahre 1850 bis 1914 auf 6 bis 8 Mio. geschätzt. Mehr als 90 Prozent von ihnen gingen nach Nordamerika, einige Hunderttausend auch nach Argentinien und Chile. Die deutschen Kolonien in Afrika kamen wegen des Klimas wenig in Frage. 1913 lebten dort nur 23 000 Deutsche. Auch aus Irland, Italien, Großbritannien und Osteuropa wanderten viele Menschen aus, die meisten ebenfalls nach Nordamerika. Nach dem 1. Weltkrieg setzte die Weltwirtschaftskrise eine neue Wanderungswelle in Gang. Nach dem 2. Weltkrieg gingen vor allem Flüchtlinge aus Osteuropa nach Westeuropa, Amerika und Australien (s. auch Schaubild S. 104).

4 Auszug aus einem Geschichtslexikon.

Auf den folgenden Seiten soll es um Sachtexte zum Thema „Neue Heimat – und dann?" – um Abgrenzung und Anpassung gehen.

1 Eine Klasse 8.
Foto, 2007.

Und woher kommst du?

So oder so ähnlich wie im Bild oben könnte es auch in eurer Klasse sein: Ein Teil der Schülerinnen und Schüler ist am Schulort geboren, weitere sind aus einer anderen Stadt zugezogen. Einige sind aus der Türkei eingewandert, weil ihre Eltern hier in Deutschland arbeiten. Manche kamen als Spätaussiedler aus Russland oder Kasachstan.

Wieder andere sind vielleicht mit ihren Eltern vor dem Krieg aus ihrer Heimat geflohen oder suchen bei uns Schutz vor politischer Verfolgung (Asyl).

1 Erfragt die Herkunft eurer Mitschülerinnen und Mitschüler in der Klasse oder Jahrgangsstufe und sucht die Orte auf einer Landkarte.

2 Erkundigt euch danach, woher eure Eltern und Großeltern stammen und sucht die Geburtsorte auf einer Atlaskarte.

Ankunft in Salzwedel

Berta Longardt lebt seit 2004 mit ihrer Mutter, ihrer Großmutter und ihrer Schwester in Salzwedel. Sie kommt aus einer Aussiedlerfamilie. Berta Longardt geht in die 8. Klasse der Ganztagsschule Lessing in Salzwedel. Dort nahm sie an einem Tanzprojekt teil. Die Mitglieder der Gruppe verfassten einen Rap zum Thema „Feindschaft gegenüber Aussiedlern" und setzten ihn in einem Tanz um. Für diesen Rap hat die Tanzgruppe in einem Wettbewerb den ersten Preis gewonnen.

M1 Wir haben Berta nach ihren Erfahrungen in der neuen Heimat Deutschland gefragt.
Frage: Seit wann lebst du mit deiner Familie in Deutschland?
Berta: Am 27. Dezember 2004 kamen meine Mutter, meine Oma, meine Tante, meine Cousinen, meine Schwester und ich nach Deutschland.

Frage: Warum seid ihr nach Deutschland gekommen?
Berta: Meine Ahnen kommen aus Deutschland. Wir haben hinter dem Ural gelebt und wollten wieder dahin, wo unsere Familie herstammt. Ganz viele Verwandte sind über Deutschland verteilt.
Frage: Wie hast du dich hier in Salzwedel eingelebt?
Berta: Zuerst habe ich in der Schule nichts verstanden, dann hat Mutti gesagt, wenn ich nicht mindestens jeden Tag 10 Wörter Deutsch lerne, darf ich nicht raus. Da ich mich unbedingt mit Freunden treffen wollte, habe ich gelernt.
Frage: Sprecht ihr denn zu Hause auch Deutsch?
Berta: Wenig, meine Mutter versteht es zwar, aber sie kann nicht gut sprechen.
Frage: Geht sie auf die Volkshochschule?

2 Die Tanzgruppe der Ganztagsschule Lessing in Salzwedel.

Berta: Ja, aber für die Älteren ist es schwerer zu lernen.
Frage: Wie ist das Verhältnis zu deinen Mitschülern?
Berta: In der Schule hatte ich sowas von keinem Bock Deutsch zu lernen. Aber von meinen Mitschülern habe ich es dann gelernt.
Frage: Bist du mit deutschen Mitschülern befreundet?
Berta: Ja, wir besuchen uns öfter, aber das Leben in einer deutschen Familie ist so anders. Meine Mutter sagt: Versuch selbst eine Lösung zu finden. Hier in Deutschland regeln die Eltern. In Russland muss man lernen, sich zu beschützen. Wenn man ein zu gutes Leben hat und jeder alles für mich tut, dann ist man schwach.
Frage: Warum hast du dich an dem Projekt beteiligt?

Berta: Ich bin tänzerisch gut und wollte, dass die Deutschen über uns nachdenken. Sie sollen wissen, das wir ihnen nicht die Arbeit wegnehmen, sondern helfen beim Wiederaufbau der Wirtschaft. Deutsche sagen: „ Aussiedler Scheiße". Wir wollen hier arbeiten und auch ein gutes Leben haben.
Frage: Wie hast du dich in Deutschland eingewöhnt?
Berta: Wir passen uns in der Familie an. Die Kleidung ist deutsch, wir kochen auch manchmal deutsche Gerichte. Wir versuchen es. Nur in Russland hält die Familie viel enger zusammen. Meine Mutter würde nie sagen, jetzt bist du 18, du musst du dir eine eigene Wohnung suchen.
Frage: Wie hast du dich während des Projekts gefühlt?

Berta: Ich fand es toll, mit Menschen zusammen zu sein, die so waren wie ich. Keiner war ein Außenseiter. Wir haben viel zusammen gemacht, und auch die deutschen Mädchen haben sich wohl gefühlt.

3 Setzt euch mit dem Interview auseinander:
– Beschreibt, wie Berta sich eingelebt hat.
– Berichtet, welche Wünsche und Vorstellungen sie in dem Tanzprojekt umsetzen konnte.
4 Befragt auch ihr Mitschüler, die ihre Heimat verlassen haben und nach Deutschland kamen, zu ihren Erfahrungen.

Zwischen Anpassung und Abgrenzung

Bis 1914 hatten sich in vielen Städten der USA deutsch-amerikanische Gemeinschaften gegründet. War das Zusammenleben zwischen Einwanderern und Einheimischen in vorigen Jahrhunderten ähnlich wie heute (siehe Beispiel S. 92/93 Berta Longardt) geprägt oder war alles doch ganz anders?

Historiker versuchen Antworten zu finden.

Der Historiker Klaus Schmitz schreibt über die Deutschen, die nach 1840 in Indianapolis einwanderten:

M1 „Halb Amerikaner, halb Deutsche"
Die „German Community" in Indianapolis nach 1840

5 Bis 1914 hatten sich in vielen Städten der USA von Deutsch-Amerikanern gegründete Gemeinschaften gebildet, die den Integrationsprozess der deutschen Einwanderer in
10 die amerikanische Gesellschaft stark prägten. Das Fallbeispiel Indianapolis zeigt, wie komplex der Prozess der „Amerikanisierung" deutscher Einwanderer im 19. Jahr-
15 hundert in den USA war. …

Die Hauptstadt des US-Bundesstaates Indiana wurde erst ab 1820 in einem bis dahin kaum besiedelten Gebiet gegründet. Seit den 40er
20 Jahren war Indianapolis verstärkt Zielort deutscher Auswanderer. Jetzt entstanden die ersten deutschen Kirchengemeinden, erschien mit dem „Indiana Volksblatt" die
25 erste deutschsprachige Zeitung, siedelten sich die meisten Deutschen in „Germantown" an. …

Impulse der liberalen „Forty-Eighteers"

30 Nach 1850… entstanden mit „Turnverein" und „Männerchor"

erste deutsche Vereine. Insgesamt dokumentiert die Frühzeit der „German Community", dass sich
35 die deutschen Einwanderer nicht nur bemühten, Sprache und Kultur des Herkunftslandes in der neuen Heimat zu bewahren, sondern auch bestrebt waren, sich durch
40 diese „Kulturpolitik" von anderen Einwanderungsgruppen und der amerikanischen Bevölkerungsmehrheit abzugrenzen. Von einer Bereitschaft sich an die neue Kultur
45 anzupassen, kann somit in dieser Phase nicht die Rede sein.

Umorientierungen im amerikanischen Bürgerkrieg

Die aktive Teilnahme der deut-
50 schen Einwanderer am Bürgerkrieg hatte zur Folge, dass sich die Deutschen nach 1865 stärker mit den USA identifizierten und gleichzeitig von den Amerikanern als vollwerti-
55 ge Staatsbürger akzeptiert wurden. Ab 1865 setzte wieder eine verstärkte deutsche Zuwanderung in die USA ein. … Bald war das musikalische Leben in Indianapolis „fest
60 in deutscher Hand", wurden immer neue deutsche Vereine gegründet und fanden neue deutsche Zeitungen ihre Leser. Parallel vollzog sich ein grundlegender Wandel
65 in der Sprache.

Englisch wurde für die zweite und dritte Generation der deutschen Einwanderer zur Muttersprache in der Schule, im Arbeits- und Ge-
70 schäftsleben; Deutsch sprach man nur noch zuhause oder in deutschen Vereinen.

Klaus Schmitz, „Halb Amerikaner, halb Deutsche" Die „German Community" in Indianapolis nach 1840, zit. n. Praxis Geschichte 4/2003, S. 20 f.

1 Kopiert den Text M1 und untersucht ihn mithilfe der folgenden Schritte.

1. Schritt:
Lesen und Markieren

– Den Text mehrmals lesen, dabei unbekannte Begriffe, Fremdwörter und Schlüsselbegriffe des Textes markieren. Schlüsselbegriffe sind wichtige Wörter oder Wortgruppen, die zum Verständnis des Gesamttextes beitragen.
– unbekannte Begriffe und Fremdwörter klären

2. Schritt:
Fragen zum Text

– Wovon handelt der Text (W-Fragen beantworten: Wer? Wo? Wann? Was? Warum?)
– Gibt es eine zentrale Fragestellung?
– Wie ist der Text gegliedert?
– Wer ist der Verfasser des Textes?
– Wo wurde der Text veröffentlicht?

3. Schritt:
Die Textaussage beurteilen

– Wo werden historische Ereignisse beschrieben?
– Wo nimmt der Autor Wertungen vor?
– Führt der Verfasser weitere Quellen oder Darstellungen an, um seine Ausführungen zu belegen (siehe S. 96/97)? Wie unterstützen diese Materialien seine Aussagen?

2 Untersucht den Text M1, indem ihr Hannas Notizen in M2 ergänzt.
3 Bearbeitet den letzten Teil von Schritt 3 (weitere Quellen und Darstellungen): Überprüft die Aussagen des Textes M1 mithilfe der Materialien von S. 96/97.

1 **Ankunft in Amerika.** Ca. 1893.

---

1. Schritt: unbekannte Begriffe:

- Integrationsprozess
- liberale Forty eighters
- komplex
- ...
- Schlüsselbegriffe: Integrationsprozess, Deutsche Vereine nach 1850

2. Schritt: Textinhalte

Inhalt: Leben der deutschen Auswanderer in Indianapolis im 19. Jahrhundert

Frage: Wie verlief ihr Anpassungsprozess an die neue Heimat?

Gliederung:

1. ...   2. ...   3. ...

Verfasser: ... Der Artikel ist in der Zeitschrift ..., im Heft ... aus dem Jahr ... erschienen.
Der Autor ist von Beruf....

3. Schritt: Textaussage beurteilen

- Im ersten Textabschnitt (Z. 5–27) stellt er die Entwicklung der German Community dar.

- Im zweiten Abschnitt nimmt er eine Bewertung vor: ...

- Im dritten Abschnitt stellt er fest, dass sich die Einwanderer stärker mit ihrer neuen Heimat
  identifizierten und begründet dies ...

Eine wichtige Bedeutung hatte auch die Sprache ...

(Fortsetzung von M2 auf S. 97)

M2 Hannas Auswertung zum Text.

1 Deutscher Turnverein in der Pionierstadt Neu-Ulm in Minnesota.

Eine Textaussage belegen

Um seine Darstellung zu belegen und abzurunden, wählte der Verfasser des Textes „Halb Amerikaner, halb Deutsche" Die „German Community" in Indianapolis nach 1840 noch zusätzliche Materialien aus. Ihr findet diese Materialien auf dieser Doppelseite. Es handelt sich dabei um ein Foto (Abbildung 1), eine Statistik (Abbildung 3), einem zeitgenössischen Zeitungsartikel (Q2) und Kommentar (Q1).
Mit der Auswertung dieser Materialien stellt ihr fest, welche Quellen die Darstellungen des Historikers unterstützen.

1 *Wertet die Materialien dieser Doppelseite aus.*
2 *Beschreibt, inwiefern die Materialien dieser Doppelseite die Aussagen des Historikertextes von S. 94 unterstützen. Führt dazu Hannas Notizen (M2) fort.*

2 Eine deutsche Blaskapelle in Fredericksburg/Texas.

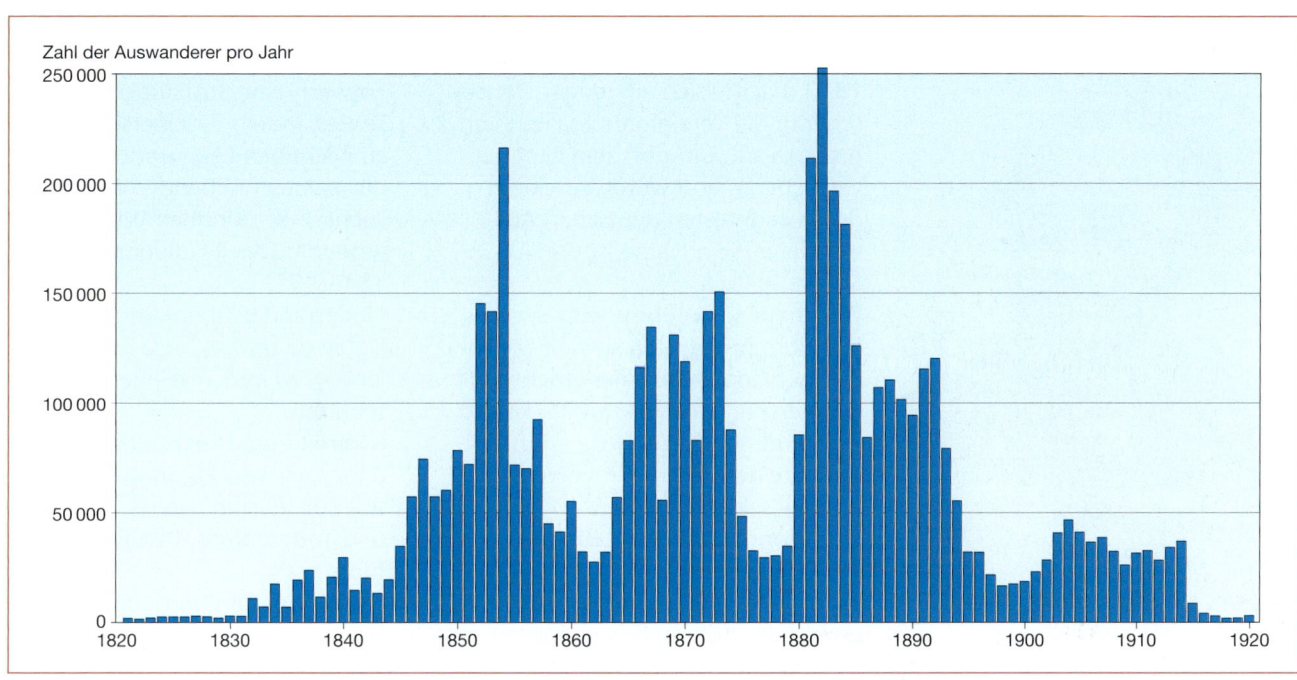

Zahl der Auswanderer pro Jahr

3 Statistik der deutschen Amerika-Auswanderung 1830–1920.

Kommentar des „Deutsch-Amerikaners" Theodor Stempfel anlässlich der Eröffnung des „Deutsches Hauses" (1898):

Q1 Wenn bei jeder sich bietenden Gelegenheit für die Erhaltung des deutschen Lebens und der deutschen Sprache auf amerikanischem
5 Boden eine Lanze gebrochen wird, so geschieht das nicht in der Absicht, einen Staate im Staate bilden zu wollen, sondern zu dem Zweck, den eingewanderten und Einge-
10 borenen Deutsch-Amerikanern den Sinn für die gemütvolle, heitere und, sagen wir, freiere Lebensweise zu wahren. …

Aus dem „Indianapolis Journal" vom 16. April 1861 über die Teilnahme von Deutschen am Amerikanischen Bürgerkrieg (1861–1865):

Q2 Gestern Nachmittag versammelten sich unsere deutschen Mitbürger, um zu beraten, ob es angemessen sei, dem Gouverneur
5 ihre Dienste anzubieten angesichts der bestehenden kritischen Lage. Feste und unwandelbare Liebe zu ihrem neuen Vaterlande wurden zum Ausdruck gebracht, ebenso
10 der Beschluss des Dienstangebotes mit dem Gouverneur, doch mit der Auflage, keine rein deutschen Kompanien zusammenzustellen. Denn jetzt sei es an der Zeit, alle
15 nationalen Unterschiede zu begraben und dafür ganz Amerikaner zu sein. …

Der Autor führt zwei Quellen-texte, ein Foto und eine Statistik an, um seine Textaussage zu unterstützen.

Das Bild auf S. 96 zeigt einen Wettlauf von Mitgliedern des deutschen Turnvereins und beweist die Darstellung des Autors, dass es viele deutsche Vereine der Einwanderer in Indianapolis gegeben hat.

Q 2 ist ein Zeitungsartikel aus dem …, vom … Es geht darin um … Besonders die Aussagen der Zeilen 11–17 zeigen …

M1 Fortsetzung von Hannas Auswertung.

1 **Carl Schurz.** Fotografie, undatiert.

2 **Carl Schurz als Soldat im Amerikanischen Bürgerkrieg.**

Ein berühmter Auswanderer – Carl Schurz

1852 machte sich ein junger Deutscher in die Vereinigten Staaten von Amerika auf, um dort sein Glück zu versuchen – und wurde zu einem der bekanntesten deutschen Auswanderer. Sein Name ist Carl Schurz.

Warum er so berühmt wurde, dass man ihm in den USA sowie auch in Deutschland Denkmäler errichtete, Schulen nach ihm benannte, könnt ihr auf dieser Doppelseite erfahren und in einem Sachtext – einer Biografie – selbst darstellen.

Eine Biografie ist eine Lebensbeschreibung. Sie kann ein Buch umfassen oder aber in Kurzform das Leben eines Menschen darstellen. Die Biografie ist eine sachliche Beschreibung – ähnlich einem Lexikonartikel.

Folgende Schritte helfen euch bei der Abfassung:

1. Schritt:
Vorbereitung

– Sammelt Material zur der Person, die ihr beschreiben wollt und wertet dieses aus.

Zu Carl Schurz könnt ihr die Materialien dieser Doppelseite verwenden, aber als Hintergrundinformationen auch die Seiten zur Revolution von 1848/49 (siehe S. 16–21) und der Amerika-Auswanderung (siehe S. 76–81) in diesem Buch. Ihr könnt auch noch zusätzliches Material aus dem Internet heranziehen.

2. Schritt:
Verfassen des Textes

– Entwerft eine Struktur eures Textes, indem ihr Überschriften zu wichtigen Lebensabschnitten der zu beschreibenden Person sucht, z. B. „Kindheit und Jugend", „Als Revolutionär 1848/49".
– Notiert in Stichpunkten die Daten, Ereignisse und Entwicklungen zu den jeweiligen Überschriften.
– Beginnt euren Text mit einer ganz knappen Zusammenfassung über die Person: Name, Geburts- und Todesdatum, Beruf, Bedeutung.
– Nun könnt ihr chronologisch die Stichworte zu euren Überschriften ausformulieren.
– Bezieht Zitate in eure Darstellung ein. Beginnt mit den Anführungszeichen („…") und endet nach dem Zitat damit. Vermerkt in Klammern, woher das Zitat stammt.

3. Schritt:
Prüfen des Textes

– Prüft die Aussagen der historischen Ereignisse. Verwendet Begriffe wie „sicher", „gewiss", „vermutlich", „wahrscheinlich", „unwahrscheinlich".
– Prüft den korrekten Gebrauch der Fachbegriffe.
– Prüft Zitate und Beschriftungen. Sind die Zitate korrekt angegeben?

1 *Verfasst mithilfe der Schritte und der Materialien auf S. 98/99 eine kurze Biografie über Carl Schurz.*

**M1 Carl Schurz –
Sein Leben in Daten**

23.2. 1829:	Carl Schurz wird als erstes von vier Kindern des Dorfschullehrers Christian Schurz in Liblar bei Köln geboren.
1839–1846:	Besuch des Dreikönigsgymnasiums in Köln. Er muss das Gymnasium wegen finanzieller Schwierigkeiten vorzeitig verlassen.
1847–1848:	Schurz holt das Abitur in Köln nach. Studium der Philologie und Geschichte in Bonn. Er wird Mitglied einer Burschenschaft.
1848:	Schurz beteiligt sich aktiv an der Revolution von 1848/49. Er tritt in das pfälzische Volksheer ein … 1849 … und kämpft in der Festung Rastatt gegen die Preußen. Nach deren Sieg flüchtet er nach Frankreich, von wo er jedoch ausgewiesen wird.
1850–1852:	Schurz geht nach London, heiratet am 6. Juli 1852 Margarethe Meyer.
6.7. 1852:	Auswanderung nach Amerika, Ankunft in New York
1856:	Übersiedlung nach Watertown (Wisconsin). Schurz arbeitet als Landverkäufer; wird zur wichtigen Stimme der Deutsch-Amerikaner und Gründungsmitglied der republikanischen Partei.
1860:	Der neue Präsident ernennt Schurz zum Botschafter in Spanien als Dank für seine Wahlhilfe bei den Deutsch-Amerikanern.
1862:	Schurz kehrt in die USA zurück, um sich am Amerikanischen Bürgerkrieg zu beteiligen. Er befehligt zumeist deutsche Freiwillige.
1865:	Austritt aus der Armee
1867:	Miteigentümer und Redakteur der Westlichen Post in Missouri
1869–1875:	Wahl zum Senator in Missouri
1877–1881:	Berufung zum „Secretary of Interior". Ihm untersteht u.a. die Verwaltung des Landes, auf dem sich die Indianerreservate und Nationalparks befinden.
14.5. 1906:	Schurz stirbt in New York.

3 Briefmarke der Deutschen Bundespost von 1976.

Carl Schurz über die Rolle der Deutschen in den USA:

Q1 Soviel sei gesagt, dass die Achtundvierziger Einwanderung mit all ihren Schwächen und Fehlern, sich für Amerika als ein unschätzbarer Fortschritts-Faktor erwiesen und [5] dass dem Lande und namentlich dem Deutschthum nichts besseres passiren könnte, als dass von Zeit zu Zeit eine neue Auflage solcher Weltverbesserer erschiene … . [10]

Carl Schurz, Lebenserinnerungen, Bd. 2, Berlin (Verein wissenschaftlicher Verleger) 1907, S. 76.

Aus der Rede von Carl Schurz, gehalten zur Feier des Deutschen Tags bei der Weltausstellung in Chicago, 15. Juni 1893.

Q2 Uns aber, den Amerikanern deutschen Blutes, sei, was wir hier sehen, eine Mahnung und Inspiration. …Ich sagte: Wer das alte Vaterland nicht ehrt, ist des neuen [5] nicht wert. Ich sage auch: Der ist des alten Vaterlandes nicht wert, der nicht im neuen zu den pflichttreuesten Bürgern zählt. … Sich einen Deutschen zu nennen, bedeutet jetzt mehr, als es früher [10] bedeutet hat. Wer sich so nennt, der vergesse niemals seine Ehrenpflicht. Er achte Deutschland in sich selbst. Großes kann der Deutsch-Amerikaner vollbringen in [15] der Entwicklung der Sammelnation der neuen Welt, wenn er in seinem Sein und Tun das Beste des deutschen Wesens mit dem Besten des [20] amerikanischen Wesens vereint zur Gestaltung bringt.

http://de.wikisource.org/wiki/Gru%C3%9F_aus_alte_Vaterland

Materialtipp:
– Walter Kessler, Carl Schurz. Kampf, Exil und Karriere, Köln (Greven) 2006.

1 *Überlegt, auf welche Weise man die Lebensgeschichte von Carl Schurz noch darstellen könnte (z.B. Referat, Film). Erarbeitet Vor- und Nachteile der schriftlichen Form (Kurzbiografie) gegenüber alternativen Darstellungsformen.*

Altsteinzeit

Bronzezeit

Jungsteinzeit   Altertum

2 Millionen   3000 v. Chr.   Christi Geburt

Rom

Bronzezeit
um 2200 v. Chr.   Ausdehnung der Bronze-
                   technik bis Mitteleuropa
um 1600 v. Chr.   Himmelsscheibe von Nebra

753 v. Chr.	Gründung Roms (Sage)
510 v. Chr.	Beginn der Römischen Republik
um 250 v. Chr.	Rom ist stärkste Landmacht im Mittelmeerraum
44 v. Chr.	Ermordung Caesars
31 v. – 14 n. Chr.	Herrschaft des Kaisers Augustus (Prinzipat)
117 n. Chr.	Größte Ausdehnung des Römischen Reiches
1.–3. Jh. n. Chr.	Errichtung des Limes
3. Jh. n. Chr.	Germanen dringen ins Römische Reich ein

8000 v. Chr.   Erster Getreideanbau
                und erste Tierhaltung
                im Vorderen Orient

vor ca. 5 Mio. Jahren   Vormensch entwickelt sich
vor ca. 2,5 Mio. Jahren Auftreten des Frühmenschen
vor ca. 130 000 Jahren   Neandertaler in Europa

Ägypten

3000 v. Chr.   Das Ägyptische Reich entsteht
2500 v. Chr.   Bau der großen Pyramiden
um 1340 v. Chr. Pharao Tutanchamun

In der gesamten Altsteinzeit lebten
die Menschen als Jäger und Sammler.

Vom Frankenreich zum Reich der Deutschen

722–804	Sachsenkriege
800	Kaiserkrönung Karls des Großen in Rom
814	Tod Karls des Großen

Leben im Mittelalter

 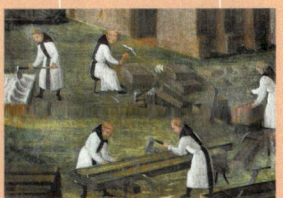

seit dem 8. Jh.	Ausbreitung des Mönchstums; viele Orden, zahllose Klöster
800–1000	Aus der Mehrzahl der freien Bauern werden Unfreie
seit 1096	Ausgrenzung und Verfolgung der Juden
10.–12. Jh.	Entstehung des Ritterstandes
12. Jh.	Im Reich der Deutschen gibt es 19 000 Burgen
12. und 13. Jh.	Aufstieg der Fürsten zu Landesherren/ Besiedlung der Gebiete östlich der Elbe (Deutsche Ostsiedlung)

Reich der Deutschen

919	Wahl Heinrichs I. zum ersten deutschen König
936–973	Otto I.
950–1250	Romanische Kirchen und Klöster werden errichtet
955	Sieg über die Ungarn auf dem Lechfeld
962	Otto I. wird in Rom zum Kaiser gekrönt
1095	Papst Urban II. ruft zum Kreuzzug auf
1099	Eroberung Jerusalems

Städte in Europa

12.–15. Jh.	In Europa entstehen zahlreiche Städte
seit 1300	Gotische Kirchen werden in ganz Europa errichtet
1300–1400	Zünfte erkämpfen sich in zahlreichen Städten ein Mitspracherecht

Entdecker und Eroberer

14./15. Jh.	Ein neues Bild von der Erde entsteht
1492	Kolumbus sucht den Westweg nach Indien und entdeckt Amerika
1498	Vasco da Gama entdeckt Seeweg nach Indien
ab 1500	Europäische Herrschaft in den Kolonien
1519	Spanier erobern Reiche der Azteken und Inkas

Reformation und Glaubenskriege

1483–1546	Martin Luther
1517	Veröffentlichung der Wittenberger Thesen gegen den Ablass; Beginn der Reformation
1521	Reichstag zu Worms; der Kaiser verhängt die Reichsacht über Luther (Wormser Edikt)
1525	Bauernkrieg

1555	Augsburger Religionsfriede
1545–1563	Konzil von Trient
1618–1648	Dreißigjähriger Krieg

Der Absolutismus Ludwigs XIV.

1643–1715   Ludwig XIV.,
                 König von Frankreich
seit dem 17. Jh. Merkantilismus wird
                 vorherrschende Wirt
                 schaftsform

Französische Revolution

1789   Versammlung der
            Generalstände
1789   Sturm auf die Bastille
1789   Erklärung der
            Menschenrechte
1791   1. Verfassung
1793/94   Schreckensherrschaft

Aufgeklärter Absolutismus in Anhalt-Dessau

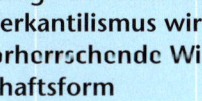

1700   Zeitalter der Aufklärung
            beginnt
1758–1817   Leopold III. Friedrich
            Franz, Fürst und Herzog
            von Anhalt-Dessau
1774   Gründung des
            Philanthropinums
1764–1813   Entstehung des Dessau-
            Wörlitzer Gartenreichs

1799   Napoleon übernimmt
            die Herrschaft
1804   Kaiserkrönung
            Napoleons
1807   Preußische Reformen
1812   Napoleons Feldzug
            nach Russland

Wanderungen in der Geschichte

1685–1719   Hugenotten
            fliehen aus
            Frankreich

Die industrielle Revolution

seit 1700 Beginn der Industrialisierung in England
1769 James Watt, Dampfmaschine
1814 George Stephenson, 1. Lokomotive
1834 Deutscher Zollverein
1861 Erste Gewerkschaften in Deutschland
1863 „Allgemeiner Deutscher Arbeiterverein"
gegründet
1875 Gründung der Sozialdemokratischen
Partei in Deutschland
1878 Sozialistengesetz

Kampf der Bürger um Einheit und Freiheit

1814/15 Wiener Kongress
1815–1866 Deutscher Bund
1817 Wartburgfest
1830 Julirevolution in Frankreich, Aufstände in Leipzig und
Dresden
1832 Hambacher Fest
1848 Märzaufstand in Wien, Berlin, Paris
1848 Mai: Nationalversammlung in Frankfurt am Main
1849 Friedrich Wilhelm IV. von Preußen lehnt die Kaiserkrone ab;
Auflösung der Nationalversammlung;
neue Aufstände werden durch das Militär niedergeschlagen

Wanderungen in der Geschichte

19. Jh. Deutsche wandern
in die USA aus

Kampf der Bürger um Einheit und Freiheit

1866	Deutsch-Österreichischer Krieg
1867	Gründung des Norddeutschen Bundes unter Führung Preußens
1870/71	Deutsch-Französischer Krieg
1871	Gründung des Deutschen Reiches; Kaiserproklamation in Versailles
	Otto von Bismarck wird Reichskanzler

Wanderungen in der Geschichte

1890–1914	350 000 Polen wandern ins Ruhrgebiet ein
19. Jh.	Deutsche wandern in die USA aus

Gewusst wie ...

Informationen beschaffen: Recherche in der Bibliothek

... und so wird's gemacht:

1. Im Katalog suchen
Wenn ihr nach den gewünschten Büchern suchen wollt, müsst ihr in den „Katalog" schauen. Der Autorenkatalog hilft euch, wenn ihr schon wisst, welches Buch von welchem Autor ihr haben wollt. Der Schlagwortkatalog ist für den Anfang besser. Hier könnt ihr unter einem Stichwort nachsehen.

2. Bücher ausleihen
Im Katalog findet ihr zu jedem Buch eine Buchstaben- und Zahlenkombination, Signatur genannt. Notiert die Signatur, den Namen des Autors und den Buchtitel und fragt nun die Angestellten, wie es weitergeht.

3. Eine Dokumentation anlegen
Wenn ihr wichtige Informationen behalten wollt, müsst ihr diese Informationen auswählen und festhalten. In einem Hefter sammelt ihr Fotokopien von Bildern und Texten aus den ausgeliehenen Büchern. Wichtige Informationen aus langen Texten lassen sich besser kurz mit eigenen Worten zusammenfassen. Auf jedem Blatt solltet ihr als Überschrift das Thema festhalten, um das es geht. Am besten nummeriert ihr die Seiten durch, wenn eure Dokumentation abgeschlossen ist.

Internetrecherche

... und so wird's gemacht:

1. Schlagwort finden
Wenn ihr z. B. wissen wollt, welche Bedeutung Dampfmaschinen zur Zeit der Industrialisierung hatten, müsst ihr euch ein passendes Stichwort überlegen. Unter „Industrialisierung" erhaltet ihr sehr viele Hinweise, müsst aber endlos suchen, bis ihr bei eurem Thema seid. Wie könnte ein gutes Stichwort lauten?

2. Suchmaschine benutzen
Im Internet gibt es mehrere Anbieter von Suchmaschinen, bei denen ihr euer Stichwort nur eingeben müsst, dann durchforstet die Suchmaschine für euch alle Internetseiten. Ihr erhaltet dann eine Liste der passenden Internetseiten zu eurem Stichwort. Die bekanntesten Suchmaschinen sind: *www.yahoo.de, www.lycos.de, www.google.de.*

3. Stichwort eingeben
Wenn ihr zu eurem Stichwort keine Einträge bekommt, solltet ihr die Rechtschreibung prüfen. Wenn ihr euer Schlagwort falsch eingegeben habt, kann die Suchmaschine nichts finden. War dies nicht der Fall, müsst ihr euch ein anderes Stichwort überlegen. Solltet ihr aber mehrere hundert Einträge angezeigt bekommen, so ist euer Stichwort zu allgemein. Versucht ein genaueres zu finden oder gebt eine kombinierte Suche ein, indem ihr nach zwei Stichwörtern gleichzeitig suchen lasst.

4. Aus dem Angebot auswählen
Jetzt habt ihr eine Reihe von Einträgen, und normalerweise stehen noch ein paar Angaben dabei. So könnt ihr einen Teil der Adressen gleich aussortieren, weil es hier nicht genau um das geht, was ihr gesucht habt. Die übrigen Seiten könnt ihr jetzt aufrufen, indem ihr die Internetadresse anklickt.

Ein Museum erkunden

... und so wird's gemacht:

1. Inhaltliche und organisatorische Vorbereitung
– Wählt ein Museum aus, das erkundet werden soll. Vereinbart einen Termin zur Erkundung.
– Stellt fest, welche Angebote das Museum für Schülerinnen und Schüler anbietet und ob ihr diese nutzen wollt (z. B. allgemeine Führung, thematische Führung, Aktionen und Projekte).
– Bereitet Fragen vor, z. B.:
  • Welche Objekte sind für die Lebenswelt der Industrialisierung interessant?
  • Was wollt ihr darüber erfahren?
– Wie wollt ihr eure Ergebnisse während der Erkundung festhalten (Arbeitsblatt erstellen, Notizen machen)?
– Wer fotografiert die Exkursion?
– Wer begleitet die Erkundung?

2. Das Museum selbstständig entdecken und erforschen
– Teilt euch in Lerngruppen auf. Findet die Ausstellungsobjekte und dokumentiert, was ihr seht.
– Setzt euch mit den Ausstellungstafeln auseinander und löst entsprechende Arbeitsblätter.

3. Auswertung des Besuchs
– Berichtet vor der Klasse über den Museumsbesuch und stellt dabei eure Erkenntnisse vor.
– Findet Antworten auf folgende Fragen:
  • Warum ist es wichtig, Dinge aus der Vergangenheit zu sammeln?
  • Was habt ihr durch die Erkundung für euch gelernt?
– Sichert eure Erkenntnisse (z. B. Wandzeitung gestalten, Informationstext für die Internetseite der Schule schreiben).

... arbeiten mit Methode

Zeitzeugen befragen

... und so wird's gemacht:

1. Befragung vorbereiten
– Thema, Ziel der Befragung klären.
– Informationen zur Vorbereitung sammeln (z.B. über die Zuwanderergruppe, über den geschichtlichen Zusammenhang).
– Fragen vorbereiten, Fragebogen erstellen.

2. Kontakt mit Zeitzeugen aufnehmen
– Zeitzeugen suchen (z.B. in der Familie, im Freundes- oder Verwandtenkreis, durch Anfragen bei Parteien, Kirchen oder Gewerkschaften, in der Stadt- oder Gemeindeverwaltung, evtl. durch Artikel in der Tageszeitung).
– Ort, Zeit, Ablauf, Aufnahmetechnik (Schriftform, Kassettenrekorder, Videokamera), Verwertung (z.B. Artikel in der Schülerzeitung) und Auswertung (Diagramm, Wandzeitung, Ausstellung usw.) der Befragung klären.

3. Befragung durchführen
– Fragen stellen (evtl. abweichend vom Fragebogen, nachfragen); Antworten protokollieren.

4. Ergebnisse auswerten
– Befragungsergebnisse besprechen und einordnen.
– Ergebnisse dokumentieren und präsentieren.
– Befragung kritisch bewerten: Was ist gut gelaufen, was müsste man ändern?

Unterschiedliche Materialien auswerten: Sachzeugnisse untersuchen

... und so wird's gemacht:

1. Was kann man sehen?
Wie sieht das Sachzeugnis aus?
– Größe
– Form
– Farbe/Muster
– Material
– Qualität ...
Ihr könnt die Figur/das Sachzeugnis auch zeichnen.

2. Die Funktion des Sachzeugnisses erschließen
– Alter, Herkunft, Fundort und -zeit, Herstellungstechnik ermitteln
– Wozu wurde das Sachzeugnis genutzt?
– Welche Informationen liefert die Tafel zum Ausstellungsstück?
– Nutzt weitere Informationsquellen (z.B. Befragung der Museumsmitarbeiter, Bücher, Internet).

3. Welche Erkenntnisse kann man gewinnen?
– Welche Rückschlüsse lässt das Sachzeugnis zu, z.B. auf Verbreitung und das Leben, Arbeiten, Wohnen der Menschen in der Zeit?
– Wie ist das Sachzeugnis zeitlich einzuordnen?

Bauwerke erkunden und erklären

... und so wird's gemacht:

1. Erste Eindrücke beschreiben
– Haltet erste Eindrücke als Bericht, Zeichnung oder Foto fest: Lage, Raumwirkung innen/außen, Fenster, Ausstattung (Altäre, Figuren, Malereien usw.).

2. Informationen sammeln
– Informiert euch über die Baugeschichte (Bibliothek, Internet, Pfarrer).
– Wann begonnen? Nach welchen Vorbildern?

3. Den gesamten Bau und einzelne Teile erklären
– Erklärt ausgewählte Bauteile, Figuren und Symbole.
– Welche Bedeutung haben sie?
– Weshalb wurden sie hergestellt?
– Was wollten die Baumeister oder Künstler ausdrücken?

4. Eigene Meinung sagen
– Was gefällt euch ganz besonders?
– Was beeindruckt weniger?
– Was versteht ihr nicht, sodass ihr noch weitere Informationen einholen müsst?

Gewusst wie ...

Bilder untersuchen

... und so wird's gemacht:

1. Die Einzelheiten eines Bildes möglichst genau beschreiben
Beantwortet dazu folgende Fragen:
– Welche Personen sind dargestellt?
– Gibt es Personen, die deutlich größer gezeichnet werden als andere?
– Welche Tätigkeiten üben die Personen aus?
– Wie sind sie gekleidet?
– Gibt es Unterschiede in der Kleidung?
– Welche weiteren Gegenstände sind auf der Abbildung zu sehen?

2. Zusammenhänge erklären
– Beschreibt, wie das Verhältnis der dargestellten Personen zueinander ist.
– Gibt es Merkmale, die eine besondere Bedeutung haben könnten?
– Lässt die Abbildung Rückschlüsse auf bestimmte Tätigkeiten oder auch das Ansehen der dargestellten Personen zu?

3. Bilder zu demselben Thema miteinander vergleichen
– Gibt es noch andere Bilder zu diesem Thema? Welche Gemeinsamkeiten kann man auf vielen Bildern feststellen?
– Wie verändert sich die Darstellung zu diesem Thema im Laufe der Geschichte?

4. Weitere Informationen sammeln
– Wichtige Informationen finden sich häufig auch in der Bildlegende, z. B. wann das Bild gemalt wurde.
– Zusätzliche Informationen lassen sich manchmal auch mithilfe des Internets besorgen.

Unterschiedliche Materialien auswerten: Quellentexte untersuchen

Möchte man über ein Ereignis etwas ganz genau wissen, dann geht man zurück zu den Quellen, also zu den Anfängen. Man liest z. B. die Texte, die zu jener Zeit geschrieben wurden, als das Ereignis stattfand. Die Berichte aus jener Zeit geben uns ein Bild von der Vergangenheit. Doch ist dieses Bild richtig? Entspricht der Bericht der Wahrheit oder enthält er Übertreibungen, einseitige oder gar falsche Darstellungen?
Man muss also auch Berichte aus früheren Zeiten genau überprüfen.

... und so wird's gemacht:

1. Fragen zum Text
– Wovon handelt der Text?
– Was steht im Mittelpunkt?
– Wie kann man den Inhalt kurz zusammenfassen?
– Welche Wertungen enthält der Bericht? Gibt es Übertreibungen oder ist er einseitig?

2. Fragen zum Verfasser
– Was wissen wir vom Verfasser?
– Kennt der Verfasser die Ereignisse aus eigener Anschauung?
– Welche Absichten verfolgt der Verfasser mit seiner Darstellung?
– Wie steht der Verfasser zu den Personen oder zu der Sache, über die er berichtet? Ist er neutral oder ergreift er Partei?

Sachtexte untersuchen

... und so wird's gemacht:

1. Lesen und Markieren
– Den Text mehrmals lesen, dabei unbekannte Begriffe, Fremdwörter und Schlüsselbegriffe des Textes markieren. Schlüsselbegriffe sind wichtige Wörter oder Wortgruppen, die zum Verständnis des Gesamttextes beitragen.
– unbekannte Begriffe und Fremdwörter klären

2. Fragen zum Text
– Wovon handelt der Text (W-Fragen beantworten: Wer? Wo? Wann? Was? Warum?)
– Gibt es eine zentrale Fragestellung?
– Wie ist der Text gegliedert?
– Wer ist der Verfasser des Textes?
– Wo wurde der Text veröffentlicht?

3. Die Textaussage beurteilen
– Wo werden historische Ereignisse beschrieben?
– Wo nimmt der Autor Wertungen vor?
– Führt der Verfasser weitere Quellen oder Darstellungen an, um seine Ausführungen zu belegen? Wie unterstützen diese Materialien seine Aussagen?

... arbeiten mit Methode

Historische Lieder verstehen

... und so wird's gemacht:

1. Informationen zur Entstehungsgeschichte besorgen
- Wann wurde das Lied geschrieben?
- Wer war der Verfasser und welche politische Einstellung hatte er?
- Wer war der Komponist?

2. Untersuchung des Textes
- Klärung unbekannter Begriffe
- Inhalt des Liedes erfassen

3. Beurteilung
- Welche Absichten verfolgt der Verfasser mit diesem Lied?
- An wen und gegen wen richtet das Lied?
- Werden Forderungen gestellt?

Unterschiedliche Materialien auswerten: Karikaturen deuten

... und so wird's gemacht:

1. Der erste Eindruck
Notiert, was euch beim Betrachten zuerst auffällt.

2. Ideen sammeln
Sammelt alle Ideen und Gedanken, die euch beim Betrachten der Karikatur einfallen.

3. Beschreiben
Beschreibt so genau wie möglich, welche Personen und Sachverhalte abgebildet sind: Achtet auf Gesichtsausdruck, Körperhaltung, Kleidung, Gegenstände. Achtet auf Texte und die Bildunterschrift.

4. Bedeutung klären
Welche Bedeutung haben die abgebildeten Personen, Gegenstände, Tiere? Welche Bedeutung hat die Handlung? Auf welche Situation, auf welches Ereignis bezieht sich die Karikatur?

5. Werten
Welche Position bezieht der Karikaturist? Wie beurteilt ihr die Karikatur?

Geschichtskarten lesen und auswerten

Neben den geografischen Karten, die ihr aus dem Erdkundeunterricht kennt, gibt es auch Geschichtskarten. Um eine Karte richtig „lesen" zu können, muss man sich vor allem die beigefügten Erklärungen (= Legende) ansehen. Eine Geschichtskarte will immer auf ganz bestimmte Ereignisse und Zusammenhänge hinweisen. Um eine Geschichtskarte zu verstehen, sollte man folgende Fragen stellen:

... und so wird's gemacht:

1. Welcher Raum ist dargestellt?
- Welche Flüsse, Meere oder Städte sind eingetragen?
- Welche heutigen Länder oder Hauptstädte liegen in dem dargestellten Raum?
- Wo findet sich auf dieser Karte Sachsen-Anhalt?
- Welche Ausdehnung hat das dargestellte Gebiet? (Achtet auf den Maßstab.)

2. Welche Zeit oder welche Entwicklung zeigt die Karte?
- Welche Zeitangaben finden sich in der Legende?
- Welche Veränderungen werden sichtbar? (Achtet auf die Farbgebung.)

Gewusst wie ...

Historische Geschichtskarten lesen und auswerten

Historische Geschichtskarten stammen von Wissenschaftlern aus früheren Jahrhunderten. Sie sammelten Erzählungen und Aufzeichnungen von Seefahrern und Entdeckern und erarbeiteten aus deren Erkenntnissen Karten. Diese Karten sind daher für uns heute eine wichtige Quelle, denn sie zeigen uns, wie sich die Menschen damals die Erde vorstellten.
Wenn man mit einer historischen Karte arbeitet, sind folgende Fragen wichtig:

... und so wird's gemacht:

– Aus welcher Zeit stammt die Karte?
– Welche Kontinente oder Länder sind dargestellt?
– Enthält die Karte Angaben zu den Entfernungen?
– Wie sind die Land- und Wasserflächen in der Karte verteilt?
– Wozu soll die Karte dienen?

Unterschiedliche Materialien auswerten: Statistiken und Grafiken

Immer wieder arbeiten wir im Geschichtsunterricht mit Statistiken und Grafiken. Sie helfen uns, historische Entwicklungen anschaulich darzustellen und zu vergleichen.

... und so wird's gemacht:

1. Angaben zusammentragen
Tragt die Angaben zu dem Thema, das ihr bearbeitet, zusammen. Stellt eine Tabelle dazu auf mit einem Gesamtergebnis, das wäre dann eine Statistik. Diese Arbeit ist eine notwendige Vorarbeit für eine grafische, also zeichnerische Darstellung der Daten.

2. Art der Grafik wählen
Grafiken sollen übersichtlich und aussagekräftig sein. Der ausgewählte Typ, z. B. Säulen- oder Kurvendiagramm, muss zum Inhalt passen.

3. Grafik anlegen
Hierfür ist es manchmal günstig, die absoluten Zahlenwerte in Prozente umzurechnen.

4. Interpretation
Hierzu werden die Grafiken „gelesen" und in Worte übersetzt.

5. Kritik
Ihr werdet schnell feststellen, dass man durch die Art der Darstellung Dinge übertreiben oder abschwächen kann. Da hilft bei fremden Statistiken nur ein kritischer Blick auf die zugrunde liegenden Zahlenwerte. Eine seriöse Statistik muss nämlich nachvollziehbar und damit überprüfbar sein.

Verfassungsschemata untersuchen

... und so wird's gemacht:

1. Worum geht es?
Ein Schema steht meist in engem Zusammenhang mit einem Text. Seht euch genau an, wovon dieser berichtet.

2. Welche Farben, Linien, Symbole werden verwendet?
Jedes Strukturschema versucht durch einfache Zeichen komplizierte Zusammenhänge zu erklären. Diese Zeichen sind zumeist in einer Legende erklärt.
Schafft euch einen Überblick über die Farben: Was bedeuten sie? Gibt es eine Farbe in verschiedenen Schattierungen? Werden Farben gemischt?
Werden verschiedene Linien eingesetzt? Sind Kästchen verschiedenartig eingerahmt?
Welche Symbole gibt es (z. B. Krone für König) und was bedeuten sie?

3. Beziehung der Elemente
Klärt nun, wie die einzelnen Elemente zusammenhängen. Was bedeuten die Verbindungslinien, Pfeile oder andere Zeichen zwischen den Elementen. Hat die Stellung der Elemente (oben, unten) eine Bedeutung?

4. Schlussfolgerungen
Haltet die Informationen, die ihr dem Schema entnehmt, fest: Wer hat welche Rechte, wer hat welche Pflichten. Zusätzliche Erkenntnisse: Gibt es ein Zentrum im Schema, wo besonders viele Pfeile zusammenlaufen? Was bedeutet das?
Welche Elemente wirken ausgegrenzt? Welchen Grund könnte es dafür geben?

... arbeiten mit Methode

Informationen auswerten und darstellen: Ein Referat halten

Referate sind eine der häufigsten Formen der Informationsvermittlung. Sie eignen sich vor allem dazu, Informationen eines Einzelnen an ein Publikum weiterzugeben:

... und so wird's gemacht:

1. Material sammeln und ordnen
Sucht in der Schul- und in der Stadtbibliothek unter bestimmten Stichwörtern nach Material zu eurem Thema. Notiert die Fundstellen und schreibt euch die Informationen auf oder kopiert die Seiten.

2. Materialien gliedern
Breitet euer Material auf einem großen Tisch aus; überlegt, welche Materialien zusammengehören, und ordnet sie nach Unterthemen. Erarbeitet daraus eine Gliederung für den Vortrag.

3. Eigene Texte formulieren
Verbindet nun die geordneten Materialien durch eigene Texte. Achtet darauf, dass eure Sätze klar und verständlich sind.

4. Vortrag zusammenstellen und Medien bereitstellen
Stellt dann euren Vortrag mit den Medien in der richtigen Reihenfolge zusammen. Sorgt für die technischen Medien, die ihr benötigt.

5. Vortrag üben
Übt das Referat laut und in freier Rede. Markiert im fertigen Text die wichtigen Stellen. Für den freien Vortrag schreibt euch Stichworte auf einen Merkzettel. Laut, langsam und deutlich sprechen.

6. Präsentation
Stellt Thema und Planung vor. Haltet dann euer Referat. Haltet dabei Blickkontakt zu den Zuhörerinnen und Zuhörern. Plant noch Zeit für Fragen oder eine Diskussion ein.

Eine Kurzbiografie verfassen

... und so wird's gemacht:

1. Vorbereitung
– Sammelt Material zur der Person, die ihr beschreiben wollt und wertet dieses aus.

2. Verfassen des Textes
– Entwerft eine Struktur eures Textes, indem ihr Überschriften zu wichtigen Lebensabschnitten der zu beschreibenden Person sucht, z. B. „Kindheit und Jugend", „Als Revolutionär 1848/49".
– Notiert in Stichpunkten die Daten, Ereignisse und Entwicklungen zu den jeweiligen Überschriften.
– Beginnt euren Text mit einer ganz knappen Zusammenfassung über die Person: Name, Geburts- und Todesdatum, Beruf, Bedeutung.
– Nun könnt ihr chronologisch die Stichworte zu euren Überschriften ausformulieren.
– Bezieht Zitate in eure Darstellung ein. Beginnt mit den Anführungszeichen („…") und endet nach dem Zitat damit. Vermerkt in Klammern, woher das Zitat stammt.

3. Prüfen des Textes
– Prüft die Aussagen der historischen Ereignisse. Verwendet Begriffe wie „sicher", „gewiss", „vermutlich", „wahrscheinlich", „unwahrscheinlich".
– Prüft den korrekten Gebrauch der Fachbegriffe.
– Prüft Zitate und Beschriftungen. Sind die Zitate korrekt angegeben?

Informationsvermittlung: Beispiel Wandzeitung

Eine Wandzeitung schaut der Betrachter im Stehen oder im Vorbeigehen an. Also: Wenige, überschaubare Texte, dazu einige, möglichst großformatige Abbildungen!

... und so wird's gemacht:

1. Informationen auswählen
Was ist wichtig, was kann weggelassen werden? Was soll als Text, was im Bild, Schaubild oder in einer Tabelle dargestellt werden?

2. Gestaltung
Wie soll die Schrift aussehen? Welche Bilder sind geeignet und wo werden sie angeordnet? Welche Zeichnungen, Tabellen oder Schaubilder sollen angefertigt werden und wohin sollen sie kommen?

3. Material
Welches Material wird benötigt (Tapete, Pappe, Stifte, Kleber, Heftzwecken, Stecknadeln, Scheren, Lineal usw.)? Wer besorgt es?

4. Arbeit verteilen und durchführen
Wer möchte Texte schreiben, Bilder ausschneiden und beschriften, Zeichnungen, Tabellen anfertigen usw.? Bilder, Texte usw. nicht sofort festkleben, sondern erst alles lose auflegen!

5. Präsentation
Wandzeitung aufhängen und den anderen Gruppen vorstellen (präsentieren).

Jugend- und Sachbücher

Kampf der Bürger um Einheit und Freiheit

- Betge, Lotte: *Herbstwind.* Klopp Verlag, München 1992.
- Beyerlein, Gabriele: *In Berlin vielleicht.* Thienemann, Stuttgart 2005.
- Brandt, Heike: *Die Menschenrechte haben kein Geschlecht.* Beltz & Gelberg, Weinheim 1989.
- Fährmann, Willi: *Es geschah im Nachbarhaus. Geschichte eines Verdachts.* Arena, Würzburg 1999.
- Hetmann, Frederik: *Georg Büchner lief zweimal von Gießen nach Offenbach und zurück.* Beltz & Gelberg, Weinheim 1993.
- Hermanndörfe, Elke: *Lina Kasunke.* dtv junior, München 1989.
- Honies, Heinz: *Ideen können nicht erschossen werden …*
- Kästner, Erich: *Als ich ein kleiner Junge war.* dtv, München 2003.
- Kordon, Klaus: *1848. Die Geschichte von Jette und Frieder.* Beltz, Weinheim 2001.
- Ders.: *Fünf Finger hat die Hand.* Beltz, Weinheim 2006. Breitschopf, Wien/Stuttgart 1988.

- Lewin, Waltraud: *Samoa.* Gerstenberg, Hildesheim 2005.
- Reiche, Dietlof: *Zeit der Freiheit. Die Angst des Engelwirts vor den Preußen, Baden 1849.* Anrich Verlag, Weinheim 1997.
- Ross, Carlo: *Dunkle Wolken über Berlin. Wie Simon und Fritz anno 1848 auf die Barrikaden gingen.* Bertelsmann, München 2000.
- Ders.: *Nur Gedanken sind frei.* Arena, Würzburg 1992.
- Sakowski, Helmut: *Die Schwäne von Klevenow.* Aufbau Verlag, Berlin 1997.
- Selber, Martin: *Ich bin ein kleiner König.* Rowohlt, Reinbek 1991.
- Wölfel, Ursula: *Jacob unterwegs oder das Kartoffelbergwerk.* cbt, München 2004.

Die Entstehung der Industriegesellschaft

- Beyerlein, Gabriele: *In Berlin vielleicht …* Thienemann Verlag, Stuttgart 2005.
- Coupry, Patrice/Hoffmann, Ginette: *Zur Zeit der ersten Fabriken.* Union Spectrum, München 1999.
- Dickens, Charles: *David Copperfield.* Ueberreuter, Wien 2002.

- Pierre, Michel: *Die Industrialisierung.* Union, Stuttgart 1992.
- Popp, Adelheid: *Jugend einer Arbeiterin.* Dietz Verlag, Bonn 1991.
- Lewin, Waltraud: *Luise, Hinterhof Nord.* Ravensburger Verlag, Ravensburg 2007.
- Pelgrom, Els: *Umsonst geht nur die Sonne auf.* dtv, München 1990.
- Schefold, Ulrich: *Die Welt der Eienbahn.* Südwest, München 1990.

Wanderungen in der Geschichte

- Fährmann, Willi: *Kristina, vergiss nicht.* Arena, Würzburg 1995.
- Smith, Michael: *Boston! Boston!* Deutscher Taschenbuch Verlag, München 1999.
- Wölfel, Ursula: *Mond, Mond, Mond.* Bertelsmann, München 2000.

Lexikon

Allegorie gleichnishafte Darstellung.

Annexion gewaltsame Aneignung.

Arbeiterbewegung Entstand als Folge der durch die Industrialisierung hervorgerufenen Missstände. Die zunehmende Verelendung der Arbeiter durch niedrige Löhne, lange Arbeitszeiten, schlechte Wohn- und Arbeitsverhältnisse usw. führte nach ersten spontanen Protestaktionen (1811/12 Maschinenstürmer in Großbritannien) zu einer organisierten Bewegung. Die abhängigen Lohnarbeiter schlossen sich in Gewerkschaften, Genossenschaften und Arbeiterparteien zusammen.

Biedermeier Bezeichnung für den bürgerlichen Lebensstil zwischen 1815 und 1848. Enttäuscht von der Wiederherstellung der alten Ordnung, die die Bürger aus der Politik verdrängte, zogen sich die Menschen ins Privatleben zurück, um hier Erfüllung zu finden.

Bürgerrechte Rechte, die ein Staat seinen Bürgern zugesteht, z. B. das Wahlrecht.

Deutscher Bund 1815 schlossen sich 35 deutsche Einzelstaaten und vier freie Städte im Deutschen Bund zusammen.

Deutsches Reich Die amtliche Bezeichnung des deutschen Staates von 1871 bis 1918. Staatsoberhaupt war der preußische König Wilhelm I., der am 18. Januar 1871 im Spiegelsaal von Versailles zum deutschen Kaiser ausgerufen worden war. Nach seinem Tod folgte ihm 1888 sein Enkel Wilhelm II. auf den Thron.

Epidemie Seuche, ansteckende Massenerkrankung.

Fabrik (lat. fabrica= Werkstätte). Großbetrieb mit oft mehreren Hundert Arbeitern und Arbeiterinnen und maschineller Fertigung von Erzeugnissen. Der Aufstieg der Fabriken und der Niedergang des Heimgewerbes begann in England mit der Erfindung der „Spinning Jenny". Die bisherigen Heimarbeiter wurden nun zu Lohnarbeitern in den Fabriken.

Gewerkschaften Mitte des 19. Jh. schlossen sich zuerst in England Arbeiter zu Organisationen zusammen (Trade Unions), die bessere Arbeitsbedingungen und Löhne anstrebten. Wichtigstes Druckmittel der Gewerkschaften war der Streik, d. h. die zeitweilige Niederlegung der Arbeit. In Deutschland entstanden erste Arbeitervereine bzw. Gewerkschaften 1848/49.

großdeutsche oder kleindeutsche Lösung Im Bemühen um die Bildung eines einheitlichen deutschen Staates im 19. Jahrhundert ging es immer wieder um die Frage, ob Österreich Teil dieses Staates werden sollte (großdeutsche Lösung) oder nicht (kleindeutsche Lösung).

Grundrechte Die Menschenrechte und grundlegende Bürgerrechte werden als Grundrechte bezeichnet. In den Grundrechten sind die Pflichten des Staates und die individuellen Rechte und Freiheiten der Bürger festgelegt.

Hugenotten Bezeichnung für französische Protestanten. Ihr Glaube war geprägt von der Lehre Johannes Calvins.

industrielle Revolution Umwälzung der Arbeitswelt und der Gesellschaft durch verbreitete Anwendung von Maschinen, die menschliche und tierische Kräfte in großem Ausmaß ersetzen (z. B. Dampfmaschine, später Verbrennungs- und Elektromotor). Die industrielle Revolution begann im 18. Jahrhundert in England und breitete sich im 19. Jahrhundert auf dem Kontinent und in den USA aus. Sie änderte die Gesellschaftsstruktur tiefgreifend.

Immigranten Nach der gescheiterten Revolution von 1848 flüchteten auch Menschen aus den deutschen Ländern aus Angst vor politischer Verfolgung nach Amerika.

Katheder Das zu früherer Zeit erhöhte stehende Pult des Lehrers im Klassenzimmer.

Kinderarbeit In der Zeit der Industrialisierung im 18. und 19. Jahrhundert nahm die Kinderarbeit in Europa und den USA stark zu. Kinder ab vier, sechs oder acht Jahren mussten als Dienstboten, in der Textilindustrie oder in Kohlegruben und Minen arbeiten, oft zwischen 10 und 16 Stunden täglich. Erst 1904 wurde in Preußen ein Gesetz erlassen, dass die Arbeit von Kindern unter 12 Jahren verbot.

legitimieren Für gesetzlich und rechtmäßig erklären.

Liberalismus (von lat. liber = frei). Politische Lehre, die seit dem Ende des 18. Jahrhunderts für die politische und wirtschaftliche Freiheit der Bürger eintritt.

loyal Dem Gesetz gemäß, rechtmäßig. Die Liberalen fordern Verfassungen und die Anerkennung von Grundrechten.

Lexikon

Manufaktur Vorindustrieller Großbetrieb, in dem Waren serienweise in Arbeitsteilung, aber doch im Wesentlichen in Handarbeit hergestellt wurden.

Militarismus Bezeichnet den Zustand einer Gesellschaft, in der das öffentliche und private Leben durch militärische Werte und Grundsätze beherrscht und durchdrungen sind. Kennzeichnend sind z. B. das Denken in den Kategorien von Befehl und Gehorsam, die Bejahung von Kampf und Krieg als Notwendigkeit. Militarismus steht im Widerspruch zu vielen Grundsätzen demokratischer Systeme (Diskussion, Kompromiss, Freiheit).

Nation (lat.: natio = Stamm, Volk). Menschen gleicher Sprache oder gleicher Staatsangehörigkeit.

Nationalbewusstsein Im 19. Jahrhundert aufkommendes Denken, das für die Angehörigen einer Nation einen gemeinsamen Staat fordert.

Nationalismus Übersteigerte Hochschätzung des eigenen Volkes/der eigenen Nation, oft unter Geringschätzung anderer Völker. Seit dem 19. Jahrhundert führte der Nationalismus zu vielen Kriegen.

Nationalversammlung Eine verfassunggebende Versammlung von Abgeordneten, die die ganze Nation repräsentiert.

Norddeutscher Bund Ein unter der Führung Preußens 1867 gegründeter deutscher Bundesstaat. Ihm gehörten alle Staaten nördlich des Mains an.

Parlament (lat.: parlamentum = Unterredung, Verhandlung). Seit dem Mittelalter übernahmen Ständevertretungen die Aufgaben, den Herrscher zu beraten und bei wichtigen Entscheidungen mitzubestimmen. Aus einer solchen Versammlung entwickelte sich das älteste Parlament: das englische. Die wichtigsten Aufgaben des Parlaments waren Gesetzgebung und die Bewilligung von Steuern.

Partei Zusammenschluss von Menschen, die gleiche oder ähnliche Absichten haben. Ziel der Parteimitglieder ist es, die Staatsführung zu übernehmen oder zumindest zu beeinflussen.

Reichstag Parlament des Deutschen Kaiserreiches von 1871 bis 1918. Die 397 Abgeordneten des Reichstages wurden in allgemeiner, gleicher und geheimer Wahl gewählt. Sie konnten Gesetze beschließen und am Haushalt mitwirken. Der Reichskanzler hatte sich gegenüber dem Reichstag nicht zu verantworten. Zur Auflösung des Reichstages war ein Beschluss des Bundesrates und die Zustimmung des Kaisers notwendig.

Republik (lat.: res publica = die öffentliche Sache). Begriff für eine Staatsform mit einer gewählten Regierung, in der das Volk oder ein Teil des Volkes die Macht ausübt.

Restauration Versuch der Wiederherstellung von politischen Zuständen, wie sie in Europa vor der Französischen Revolution und der Herrschaft Napoleons bestanden hatten. Mit dem Begriff wird die Zeitspanne zwischen dem Wiener Kongress und der Revolution von 1848/49 bezeichnet.

Revolution Der meist gewaltsame Umsturz einer bestehenden politischen und gesellschaftlichen Ordnung.

Rheinbund Im Jahr 1806 traten 16 deutsche Reichsstädte und Fürstentümer aus dem Deutschen Reich aus. Sie gründeten den Rheinbund, dessen Schutzherr Napoleon war.

Romantik Von Deutschland ausgehende geistige Bewegung in der Zeit von 1790 bis 1830. Die Flucht aus der Wirklichkeit in eine Welt des Gefühls und der Fantasie, der Natur und die Rückbesinnung auf die Vergangenheit standen im Zentrum der romantischen Malerei, Literatur und Musik.

Schwarz-Rot-Gold Farben einer Fahne, die seit 1815 von Studenten verwendet wurden, um gegen die politischen Verhältnisse zu protestieren. Sie wurde zum Symbol der nationalen und demokratischen Bewegung in Deutschland. Heute die Farben der Flagge der Bundesrepublik Deutschland.

Sendungsbewusstsein Der Begriff bezeichnet die Vorstellung, die Ausbreitung der eigenen Macht sei segensreich für die gesamte Menschheit.

siamesische Zwillinge Miteinander verwachsene eineiige Zwillinge, benannt nach 1811 so geborenen Zwillingsbrüdern aus Siam (heute Thailand).

Solidarität Das Eintreten füreinander; Zusammengehörigkeitsgefühl.

soziale Frage Bezeichnung für die Notlage und die ungelösten sozialen Probleme der Arbeiterschaft im 19. Jahrhundert, die mit der Industrialisierung entstanden waren. Dazu zählten z. B. das Wohnungselend, unzumutbare Arbeitsbedingungen, die Kinderarbeit, Verelendung aufgrund niedriger Löhne und hoher Arbeitslosigkeit.

Sozialgesetzgebung Reichskanzler Otto von Bismarck entwickelte eine Sozialgesetzgebung, die die Not der Arbeiter lindern und im Notfall etwas Sicherheit geben sollte. Sie bestand aus einer Kranken-, Unfall-

Lexikon

sowie Alters- und Invaliditätsversicherung. Sie galt in Europa als vorbildlich und bildet die Grundlage der modernen sozialen Sicherungssysteme. Bismarcks politisches Ziel war es, damit die Arbeiter der Sozialdemokratie zu entfremden und sie an den Staat zu binden.

Sozialismus (lat.: socius = Bundesgenosse; gemeinsam). Der Sozialismus entwickelte sich während der Industrialisierung im 19. Jahrhundert. Die Sozialisten forderten eine gerechte Verteilung der materiellen Güter und eine Gesellschaftsordnung, die nicht vom Profitstreben des Einzelnen, sondern vom Wohl des Ganzen geprägt sein sollte. Um den Gegensatz zwischen Arm und Reich aufzuheben, forderten die Sozialisten, das Privateigentum an den Produktionsmitteln aufzuheben. Um die Ziele des Sozialismus zu erreichen, entstanden zwei Richtungen: eine revolutionäre (Marx) und eine reformistische (SPD).

SPD Sozialdemokratische Partei Deutschlands. Nachdem sich der 1863 in Leipzig gegründete Allgemeine Deutsche Arbeiterverein (ADAV) und die 1869 in Eisenach gegründete Sozialdemokratische Arbeiterpartei (SAP) zusammengeschlossen hatten, wurde die Partei nach ersten Wahlerfolgen (1871: 9,1 % der Stimmen) unter Reichskanzler Bismarck 1878 durch das Sozialistengesetz verboten. Nach dessen Aufhebung 1890 wurde die Sozialdemokratische Partei (SPD) gegründet.

Verfassung Rechtsgrundsätze über die Staatsform, den Umfang und die Grenzen der Staatsgewalt, die Aufgaben und die Rechte der Staatsorgane sowie die Rechte und Pflichten der Bürger. Eine Verfassung enthält immer Grundrechte.

Wahl, Wahlrecht Recht des Volkes, in regelmäßigen Abständen durch die Wahl von Abgeordneten an der staatlichen Herrschaftsausübung teilzunehmen und diese zu kontrollieren. Der Kampf um die Ausweitung des Wahlrechtes auf alle erwachsenen Bürger, unabhängig von Geschlecht, Rasse oder Einkommen, bestimmte das 19. Jahrhundert, da das Wahlrecht meist an eine bestimmte Steuerleistung gebunden und auf die Männer beschränkt war.

Register/Verzeichnis der Worterklärungen*

Register/Verzeichnis der Worterklärungen*

Textquellenverzeichnis

1. Kampf der Bürger um Einheit und Freiheit

S. 9: Dyroff, Hans-Dieter, Der Wiener Kongress 1814/15. München (dtv) 1966, o. S. – **S. 11:** Siebenpfeiffer, Philipp Jakob, in: Heumann, Hans (Hrsg.), Geschichte für morgen. Band 2. Frankfurt/M. (Hirschgraben) 1987, S. 131 – **S. 12:** Harnis ch, Adalbert, Bürgerlied von 1845. in: Volksliedarchiv *http://www. volksliederarchiv.de/text1504.html* (25. 02. 2010) – **S. 13:** Fallersleben, Hoffmann von, Das Lied der Deutschen. in: Gast, Wolfgang, Politische Lyrik – Deutsche Zeitgedichte des 19. und 20. Jahrhunderts. Stuttgart (Reclam) 1973, S. 10 – **S. 14:** Kinkel, Gottfried, in: Venohr, Wolfgang und Kabermann, Friedrich (Hrsg.), Brennpunkte der deutschen Geschichte, 1450 – 1850. Kronberg (Athenäum Verlag) 1978, S. 222 – **S. 16:** Baden, Leopold von, in: Jessen, Hans (Hrsg.), Die deutsche Revolution in Augenzeugenberichten. Düsseldorf (Rauch) 1972, S. 40 – **S. 17:** Grab, Walter (Hrsg.), Die Revolution von 1848. München (Nymphenburger) 1979, S. 59 – **S. 18:** Zit. n. FFM 1200, Gall, Lothar (Hrsg.), Traditionen und Perspektiven einer Stadt. (leicht bearb.) Sigmaringen (Thorbecke) 1994, S. 222 – **S. 19:** Venohr, Wolfgang und Kabermann, Friedrich (Hrsg.), a. a. O., S. 292 – **S. 20:** Autorentext – **S. 21:** Mahnmal für gefallene Revolutionäre, Berlin, o. J. – **S. 22:** Kohl, Horst (Hrsg.), Die politischen Reden des Fürsten Bismarck. Aalen (Scientia) 1969, o. S. – **S. 23 Q2:** Waiden, Bruno (Hrsg.), Otto von Bismarck. Gesammelte Werke, Band 5, Berlin (UV) 1941, S. 95; **S. 23 Q3:** Schönbrunn; Günter (Bearb.), Geschichte in Quellen. Band 5, München (BSV) 1970, S. 343 – **S. 24:** Waiden, Bruno (Hrsg.), Otto von Bismarck. Gesammelte Werke, Band 7, Berlin (UV) 1941, S. 301 – **S. 25:** Schönbrunn; Günter (Bearb.), Geschichte in Quellen. Band 5, München (BSV) 1980, S. 363 – **S. 30 Q1:** Hetmann, Frederik (Hrsg.), Rosa Luxemburg. Ein Leben für die Freiheit, Frankfurt/M. (S. Fischer) 1980, S. 210; S. 30 M1: Kästner, Erich, Die gute alte Zeit im Bild – Alltag im Kaiserreich. Zürich (Atrium Verlag) 1974, S. 118 – **S. 31:** Richter, Gert, Die gute alte Zeit im Bild – Alltag im Kaiserreich. Ariola Verlag 1974, S. 12 f. – **S. 32 Q1+Q2:** Zitate Bismarcks zur Rentenversicherung 1889. Ritter, Gerhard, in: Sozialversicherung in Deutschland und England. Entstehung und Grundzüge im Vergleich, München (C. H. Beck) 1983, S. 29 – **S. 34:** Lennartz, Karl, in: Bundeszentrale für politische Bildung, *http://www.bpb.de/popup/popup_grafstat. html?url_guid=3M1563* (25. 02. 2010)

2. Die industrielle Revolution

S. 40: Engels, Friedrich, Die Lage der arbeitenden Klasse in England. München (dtv) 1975, S. 33 f. – **S. 44/45:** Langley, Andrew: Die Entwicklung der Industrie. Kösling, Babette/Madrigal, Hannah (Übers.), Erlangen (Karl Müller Verlag) 1994, o. S. – **S. 46:** Eyth, Max: Im Strom unserer Zeit: Meisterjahre. Frankfurt/M. (DLG Verlag) 1960, o. S. – **S. 48:** List, Friedrich, in: Pönicke, Herbert, Die wirtschaftliche und soziale Entwicklung Europas im 19. Jahrhundert. Paderborn (Schoeningh) 1970, o. S. – **S. 49 Q2:** Venohr, Wolfgang und Kabermann, Friedrich, a. a. O., S. 238; S. 49 M1: Autorentext; S. 49 Q3: List, Friedrich, in: Wille, Hermann Heinz: Sternstunden der Technik. Leipzig (Urania) 1987, S. 96 – **S. 54 M1:** Verband „TourismusRegion" Wittenberg e. V.: *http://www.industrietourismus.de/index.html* (25. 02. 2010); S. 54 M2: Kohle, Dampf, Licht. *http://www.kohle-dampf-licht.de/* (25. 02. 2005) – **S. 56 Q1 + M1:** zit. nach: Brauer, Helmut und Richter, Gert, Karl-Marx-Stadt – Geschichte der Stadt in Wort und Bild. Berlin (Deutscher Verlag der Wissenschaften) 1988, S. 92 – **S. 58 M1:** Preußen – Chronik eines deutschen Staates. *http://www.preussen-chronik.de/ereignis_jsp/ key=chronologie_005635.html* (18. 02. 2010) – **S. 59:** Zeitungsbericht. O. O. 1845 – **S. 60 Q1:** Abbe, Ernst, Gesammelte Abhandlungen. Jena (Fischer) 1906, S. 74; S. 60 Q2: Steinitz, Wolfgang, Deutsche Volkslieder demokratischen Charakters aus sechs Jahrhunderten. Band 1, Berlin (Akademie Verlag) 1954/62, S. 308 – **S. 61 Q3:** Autorentext nach Gewerbekammer Stuttgart 1857; S. 61 Q4: Bericht der Gewerbeaufsicht für das Unterelsass, in: Führt, Henriette, Die Fabrikarbeit verheirateter Frauen. Frankfurt/M. (Schnapper) 1902, S. 42 f. (sprachlich vereinf.) – **S. 62 Q1:** Wichern, Johann Heinrich, in: de Buhr, Hermann und Regenbrecht, Michael (Hrsg.), Industrielle Revolution und Industriegesellschaft. Frankfurt/M. (Hirschgraben) 1983, S. 50; S. 62 Q2: Papst Leo XIII., in: ebenda, S. 51 – **S. 63:** Jörg, Joseph E. (Hrsg.), Geschichte der sozialpolitischen Parteien. Freiburg (Herder) 1967, o. S. – **S. 64:** Herwegh, Georg, Bundeslied für den Allgemeinen Deutschen Arbeiterverein (1864), in: Gast, Wolfgang, Politische Lyrik – Deutsche Zeitgedichte des 19. und 20. Jahrhunderts. Stuttgart (Reclam) 1973, S. 18 – **S. 66 Q2:** Popp, Adelheid, Die Arbeiter. München (C. H. Beck) 1986, o. S.; **S. 66 Q3:** Popp, Adelheid, in: Frevert, Ute (Hrsg.), Frauengeschichte zwischen bürgerlicher Verbesserung und neuer Weiblichkeit. Frankfurt/M. (S. Fischer) 1986, o. S. – **S. 67 Q3:** Lavigne, Raymond Felix 1889, in: Deutscher Gewerkschaftsbund. *http://www.dgb.de/dgb/geschichte/erstermai/geschichte1mai/ index_html#cstart8* (23. 02. 2010); S. 67 Q4: Baader, Ottilie, Ein steiniger Weg. Lebenserinnerungen einer Sozialistin. 3. Auflage, Berlin (Dietz) 1979, S. 31 f.

3. Wanderungen in der Geschichte

S. 74: König Ludwig XIV., in: Krum, Horsta, Preußens Adoptivkinder – die Hugenotten. 300 Jahre Edikt von Potsdam. Berlin (Arani) 1985, S. 46 – **S. 75:** Kleinbrecht, Wolfgang und Krieger, Herbert, Materialien für den Geschichtsunterricht. Band 4: Die Neuzeit. Frankfurt/M. (Diesterweg) 1963, S. 157 f. – **S. 76:** zit. nach: Geschichte für morgen, 9. Schuljahr. Berlin (Cornelsen) o. J., S. 6. – **S. 77 Q2:** Moltmann, Günther (Hrsg.), Aufbruch nach Amerika. Tübingen (Wunderlich) 1979, S. 134, 162; S. 77 Q3: Gerstäcker, Friedrich: Nach Amerika! Ein Volksbuch. Leipzig (Costenoble) 1855, S. 2 f. – **S. 80 Q1:** Adams, Angela und Willi Paul, Die Amerikanische Revolution in Augenzeugenberichten. München (dtv) 1976, S. 19 f.; S. 80 Q2: Helbich, Wolfgang (Hrsg.), Briefe aus Amerika 1830–1930. München (Beck) 1988, S. 470 – **S. 81 Q3:** Bode, Dietrich (Hrsg.), Gedichte von Ferdinand Freilingrath. Stuttgart (Reclam) 1964. o. S. – **S. 82:** Brüggemeier, Franz Josef, Leben vor Ort. Ruhrbergleute und Ruhrbergbau. München (C. H. Beck) 1983, S. 25 ff. – **S. 83:** Rede von Wolfgang Thierse zum zehnjährigen Jubiläum des Multikulturellen Zentrums in Dessau am 6. 6. 2003. *http://homepage. thierse.de/Reden/Dessau.html* (04. 03. 2010)

4. Methodenpraktikum: Neue „Heimat" – und dann? – Sachtexte untersuchen und verfassen

S. 91.2: Herold, Frank, Vom Umgang mit einer europäischen Tragödie, in: Berliner Zeitung, 05. 09. 2003, S. 7; S. 91.3: Pleticha, Heinrich, Geschichtslexikon. Daten, Fakten und Zusammenhänge. Berlin (Cornelsen Scriptor) 2001, S. 35; S. 91.4: zit.

Textquellenverzeichnis

nach: Helbich, Wolfgang J., Amerika ist ein freies Land. Auswanderer schreiben Briefe nach Deutschland. Darmstadt (Luchterhand) 1985, S. 62 f. – **S. 94 M1:** Schmitz, Klaus, Halb Amerikaner, halb Deutsche. Die „German Community" nach 1840. Zit. nach: Praxis Geschichte 4/2003, Braunschweig (Westermann) 2003, S. 20 f. – **S. 97 Q1+Q2:** Stempfel, Theodor, Fünfzig Jahre unermüdlichen deutschen Strebens in Indianapolis. Das Deutsche Haus in Indianapolis. German-American Center and Indiana German Heritage Society 1991, S. 7+23 – **S. 99 Q1:** Schurz, Carl, Lebenserinnerungen, Band 2. Berlin (Verein wissenschaftlicher Verleger) 1907, S. 76; S. 99 Q2: Rede von Carl Schurz in Chicago am 15.06.1893 *http://wikisource.org.* (08.03.2010)

Bildquellenverzeichnis

Anschläge, Verlag Langewiesche-Brandt, Ebenhausen 66.1
Archiv der sozialen Demokratie Bonn 66.2, 69 d
Archiv für Kunst und Geschichte 6–7 (Wdh. 4, Vignetten 9–37), 8 RS, 10 (Wdh. 37, 104), 11 (alle), 15.3, 17.2, 20.2, 23.2, 23.3 (Wdh. 36, 105), 24.1 (Wdh. 35, 105, 107), 24 RS (Wdh. 105), 31.3 (Wdh. 35), 45.1, 67.3+4, 80.1+2, 85 b, 98.1, 101 o. l. + u. l., 102 o. l. + m. l. + u. r., 103 o. l. + m. + m. l.
Arls, Karl-Heinz 52 RS
Artothek Weilheim 15.2
Bildarchiv Preußischer Kulturbesitz 21, 28 RS, 30.1, 31.2, 32, 33.2, 38–39 (Wdh. 4, Vignetten 40–65, 69), 48 RS (Wdh. 71), 49, 62.1, 63.4, 66 RS, 75 RS, 79, 100 o. r., 102 m. r. + u. l.
Bridgeman Berlin 103 o. r. + m. r.
Britisches Museum London 101 o. m.
Butzmann, Manfred, Berlin 17 RS
Deutsche Bahn, Museum Nürnberg 71.1
Deutsches Historisches Museum Berlin, Bildarchiv 70.4, 76 (Wdh. 104)
Deutsches Hugenottenmuseum Bad Karlshofen 74 (Wdh. 85)
Dietz Verlag Berlin 19 (Wdh. 109)
Erzbischof Bolslaw Pytak, Lublin, Muzeum Archiediecezjalne Sztuki Religijney 64.1 (Wdh. 71)
Foto Kirsch, Wittenberg 54, 55.1
FPS Foto/Video-Presse-Services, F. P. Schollen, Coesfeld-Lette 53.4
Germanisches Nationalmuseum Nürnberg 102 m.
Getty Images München 88–89 (Wdh. 5, Vignetten 90–99, 105)
Heinemann Educational Oxford 40.1, 41.2, 42.1 (Wdh. 69, 104), 43.2, 44, 45.2+3
Historisches Archiv der Friedrich Krupp GmbH Essen 58 (Wdh. RS 71), 60.1
Interfoto München 100 u. m. (Laenderpress)
Jumbo Neue Medien & Verlag GmbH Hamburg/(p) & © 2009 Goya 12.1
Kunsthalle Hamburg 9
Landesbildstelle Baden, Karlsruhe 101 o. r.
LMBV mbH Leipzig 56.1+2
LOOK München Titelfoto
Marcks, Marie, Heidelberg 86.2
MediaDialog, K. Topolewski, Bielefeld 55.3, 63.2+3
Mende, Bettina, Salzwedel 83.2
Museum der bildenden Künste Leipzig 72–73 (Wdh. 4, Vignetten 74–87)

Musikantenland-Museum auf der Burg Lichtenberg, Thallichtenberg 77 RS
National Portrait Gallery 42 RS
Palatina-Viva, Mutterstadt 12.2
Picture-Alliance 13.1 (Foto: ULMER/Björn Hake), 18 RS (© dpa), 26–27 (© Terra Incognita e. V., Wdh. 25, 107), 27 Einkl. (© dpa), 33.3 (© dpa-Infografik), 34.1 (© dpa, Foto: Bernd Weißbrod), 34.2 (© dpa-Report, Foto: Patrick Seeger), 40 RS o., 50–51 (akg-images), 55.2+5 (© dpa-Report, Foto: Euroluftbild), 75.2 (akg-images), 81 (akg-images), 83.3 (© dpa-Report, Foto: Tagesspiegel Kitty Kleist-Heinrich), 98.2 (Newscom), 100 o. l. (© dpa, Foto: Votava)
Rheinisches Bildarchiv Köln 29.3+4
Römisch-Germanisches Museum Köln 100 u. m.
Stadtarchiv Halle 53 RS
Stehle, Karl, München 78 (Wdh. 104)
Süddeutsche Zeitung Photo/DIZ München 28.1
Ullsteinbild Berlin 59 (Wdh. 69, 70), 61.3 (Gerstenberg), 61.4 (Haeckel), 102 o. r.
Vatikanische Museen Rom 100 u. r.
VG BILD-KUNST, Bonn 2010 30 RS m.
Weinert, Gudrun, Dessau 55.4
Wikipedia 99 (frei)

Übernahmen
Richter, Reinhard (Hrsg.): Feldbahnen im Dienste der Landwirtschaft. Die Rübenbahnnetze der deutschen Zuckerfabriken, VBN Verlag Bernd Neddermeyer Berlin, S. 83 (Slg. Joachim Berghoff), S. 84+94 (Slg. Helmut Pochadt) 52.1+2, 53.3
Kuegler, Dietmar: Die Deutschen in Amerika, Stuttgart 1983 96.1+2